산 들 바다
자연 탐험

그림 이장미

이 책에 등장하는 동물과 식물들이 오래오래 함께 살 수 있는 자연환경이 되길 바랍니다.
쓰고 그린 책으로 <달에 간 나팔꽃> 들이 있고, 그린 책으로 <늘푸른나무가 준 선물> 들이 있습니다.

세밀화 강성주, 권혁도, 김찬우, 김천일, 문병두, 박소정, 박신영, 백남호, 송인선, 안경자
윤봉선, 윤종진, 이우만, 이원우, 이제호, 이주용, 임병국, 장순일, 정태련, 조광현, 천지현

따뜻한 눈과 섬세한 손길로 우리 둘레 자연과 생명을 그림으로 담아냅니다.
보리에서 펴낸 여러 세밀화 도감에 그림을 그렸습니다.

개똥이네 책방 49

산 들 바다 자연 탐험

우리 자연에서 만난 동식물

2022년 9월 15일 1판 1쇄 펴냄 | 2025년 5월 28일 1판 3쇄 펴냄

글 보리 | **그림** 이장미 | **세밀화** 강성주 외
편집 김로미, 박은아, 이경희, 임헌 | **교정** 김성재 | **디자인** 김은미 | **제작** 심준엽
영업마케팅 심규완, 양병희, 윤민영 | **영업관리** 안명선 | **새사업부** 조서연
경영지원실 차수민
인쇄 로얄프로세스 | **제본** 과성제책

펴낸이 유문숙 | **펴낸 곳** (주)도서출판 보리 | **출판 등록** 1991년 8월 6일 제9-279호
주소 (10881) 경기도 파주시 직지길 492 | **전화** 031-955-3535 | **전송** 031-950-9501
누리집 www.boribook.com | **전자우편** bori@boribook.com

ⓒ 보리, 이장미, 2022

이 책의 내용을 쓰고자 할 때는, 저작권자와 출판사의 허락을 받아야 합니다.
잘못된 책은 바꾸어 드립니다.
값 22,000원

보리는 나무 한 그루를 베어 낼 가치가 있는지 생각하며 책을 만듭니다.

ISBN 979-11-6314-262-1 73400

제품명 : 도서 제조자명 : (주)도서출판 보리 주소 : (10881) 경기도 파주시 직지길 492 전화번호 : (031) 955-3535
제조년월 : 2025년 5월 제조국 : 대한민국 사용연령 : 8세 이상 주의사항 : 책의 모서리가 날카로우니 다치지 않게 주의하세요.
KC 마크는 이 제품이 공통안전기준에 적합하였음을 의미합니다.

산 들 바다 자연 탐험

우리 자연에서 만난 동식물

보리 글 | 이장미 그림 | 강성주 외 세밀화

보리

차례

개울이와 함께 산으로 숲으로

빛깔 고운 이른 봄 산 • 10
개울이 도감 수첩
개나리, 곤줄박이 12 | 조팝나무, 진달래 13
호랑나비, 이스라지 14 | 땃쥐, 유리딱새 15

아까시나무꽃 향기로운 초여름 숲 • 16
개울이 도감 수첩
아까시나무, 꿀벌 18 | 고사리, 자주졸각버섯 19
찔레나무, 산개구리 20 | 모시나비, 엉겅퀴 21

맑은 물 흐르는 한여름 골짜기 • 22
개울이 도감 수첩
물푸레나무, 청호반새 24 | 다람쥐, 버들치 25
꺽지, 긴꼬리제비나비 26 | 참나리, 꼬리치레도롱뇽 27

낮과 또 다른 모습, 여름밤 산속 • 28
개울이 도감 수첩
자귀나무, 소쩍새 30 | 삵, 박쥐 31
수리부엉이, 점갈고리박각시 32 | 달맞이꽃, 반딧불이 33

알록달록 아름다운 가을 숲 • 34
개울이 도감 수첩
은행나무, 당단풍나무 36 | 왕귀뚜라미, 고로쇠나무 37
큰허리노린재, 화살나무 38 | 가새쑥부쟁이, 테두리방귀버섯 39

겨울 준비로 바쁜 한가을 산골짜기 • 40
개울이 도감 수첩
하늘다람쥐, 갈참나무 42 | 단풍나무, 노루 43
붉나무, 반달가슴곰 44 | 수달, 금강모치 45

겨울의 문턱, 초겨울 뒷산 • 46
개울이 도감 수첩
멧토끼, 알락수염노린재 48 | 호랑지빠귀, 양진이 49
리기다소나무, 오소리 50 | 멧돼지, 두더지 51

고요하고 새하얀 한겨울 뒷산 • 52
개울이 도감 수첩
소나무, 박새 54 | 멋쟁이, 조릿대 55
청설모, 꿩 56 | 고라니, 억새 57

개울이의 신기한 도감 수첩
국화, 꽃등에 58 | 치자나무, 이끼도롱뇽 59
자귀풀, 올빼미 60 | 노랑망태버섯, 갈겨니 61

개울이와 동무 찾기 • 62

개울이와 함께 논으로 들로

나물 캐기 좋은 초봄 언덕 • 66
개울이 도감 수첩
생강나무, 매실나무 68 | 냉이, 딱새 69
산수유, 쑥 70 | 질경이, 칠성무당벌레 71

백로 무리를 찾아, 초여름 논 • 72
개울이 도감 수첩
황로, 땅강아지 74 | 쇠백로, 자운영 75
중대백로, 미꾸라지 76 | 왜가리, 뚝새풀 77

초록 물결 일렁이는 한여름 다랑논 • 78
개울이 도감 수첩
방동사니, 물피 80 | 무자치, 남생이 81
청개구리, 물장군 82 | 개구리밥, 황소개구리 83

벼가 알차게 익어 가는 초가을 논 • 84
개울이 도감 수첩
고추잠자리, 거미 86 | 벼, 콩 87
참새, 돌피 88 | 벼메뚜기, 참개구리 89

김장 채소가 무럭무럭, 가을 텃밭 • 90
개울이 도감 수첩
배추흰나비, 달팽이 92 | 배추, 코스모스 93
백일홍, 무 94 | 호박, 쪽파 95

새근새근 잠자는 겨울 들판 • 96
개울이 도감 수첩
사마귀, 노랑쐐기나방 98 | 유혈목이, 맹꽁이 99
달맞이꽃 어린잎, 고슴도치 100 | 장수풍뎅이, 너구리 101

개울이의 신기한 도감 수첩
큰이십팔점박이무당벌레, 미꾸리 102 | 살모사, 무당개구리 103
물자라, 노랑나비 104 | 갯고둥, 괭이밥 105

개울이와 동무 찾기 • 106

개울이와 함께 강으로 바다로

비가 주룩주룩, 장마철 연못 • 110
개울이 도감 수첩
버드나무, 수련 112 | 창포, 금개구리 113
소금쟁이, 연꽃 114 | 잉어, 물방개 115

가슴이 탁 트이는 한여름 동해 바다 • 116
개울이 도감 수첩
해당화, 갯강구 118 | 따개비, 바다직박구리 119
날치, 참가자미 120 | 파래, 문어 121

열대 물고기를 찾아, 한여름 제주 바다 • 122
개울이 도감 수첩
거북복, 쏠배감펭 124 | 보라성게, 전복 125
자리돔, 흰동가리 126 | 파랑돔, 모자반 127

수많은 생명이 가득한 가을 갯벌 • 128
개울이 도감 수첩
큰구슬우렁이, 바지락 130 | 맛조개, 칠게 131
괭이갈매기, 알락꼬리마도요 132 | 짱뚱어, 쏙 133

갈대가 일렁이는 늦가을 강가 • 134
개울이 도감 수첩
갈대, 붕어 136 | 달뿌리풀, 큰기러기 137
흰죽지, 청둥오리 138 | 강아지풀, 도깨비바늘 139

꽁꽁 언 겨울 강가 • 140
개울이 도감 수첩
솔개, 자라 142 | 가물치, 쇠기러기 143
큰고니, 흰뺨오리 144 | 빙어, 동자개 145

개울이의 신기한 도감 수첩
물땡땡이, 김 146 | 뽈복, 쑤기미 147
말쥐치, 도꼬마리 148 | 붉은귀거북, 대농갱이 149

개울이와 동무 찾기 • 150

개울이 정보 수첩 • 152

'가나다'로 찾아보기 • 154

개울이와 동무 찾기 정답 • 156

안녕! 난 개울이야.

우리 산과 숲, 논과 들, 강과 바다에 어떤 생명들이 살고 있을까?

지금부터 나랑 탐험을 떠나 보자.

탐험 갈 때는 움직이기 편한 옷을 입고, 잘 미끄러지지 않는 신발을 신어.

자연 동무를 찾았다면 가만히 관찰해.

너무 큰 소리를 내거나 무리해서 만지려고 하다가

다칠지도 모르니까 주의해야 해.

작은 가방에 물과 쌍안경, 사진기를 준비해도 좋지.

꼭 마음먹고 떠나야 탐험을 할 수 있는 건 아니야.

집 둘레 화단이나 공원을 걸으며 조금만 관심을 기울여도

많은 자연 동무를 만날 수 있을 거야.

자, 그럼 나를 따라와 봐.

알아 두기

- 고유종은 어느 한 지역에만 있는, 특정한 생물을 뜻하는 말입니다.
- 특산종은 어떤 지역에서 특별히 나는 생물을 뜻하는 말입니다.
- 천연기념물은 보기 드물거나 보존해야 할 만한 귀한 가치가 있는 자연 생물을 특별히 보호하기 위해 법률로 지정한 것을 말합니다.
- 멸종위기 야생생물은 어떤 까닭으로 인해 수가 눈에 띄게 줄어들어 아주 적은 수만 살아남아, 종이 사라질 위기에 놓인 생물들을 말합니다.
- 큰키나무는 숲에서 가장 위층을 이루는 큰 나무들입니다. 보통 20~30미터쯤 되고, 갈참나무, 아까시나무, 고로쇠나무 따위가 있습니다.
- 작은키나무는 큰키나무 아래에서 자라는 나무들입니다. 보통 7~8미터쯤 되고 단풍나무, 생강나무, 산수유 따위가 있습니다.
- 떨기나무는 사람 키만큼 자라는 작은 나무들입니다. 보통 2미터쯤 되고 개나리, 싸리나무, 진달래 따위가 있습니다.

이른 봄 산에서 만난 자연 동무들

개나리

🧑 **나무**

사는 곳 산, 숲, 집 둘레, 공원
다른 이름 어리자나무, 신리화, 가지꽃나무
특징 이른 봄에 노란 꽃이 핀다.

개나리는 사람 키만큼 자라는 떨기나무야.
우리나라 어디서나 자라는 나무로 집 가까이에서
흔히 볼 수 있어. 이른 봄에 잎보다
먼저 노란 꽃이 피어.
가지를 잘라서 묻어 두면 금세 뿌리를 내리지.
메마른 곳이나 그늘진 곳,
공기 오염이 심한 곳에서도 잘 살아.
가을에 여문 열매를 거둬서 약으로 써.

🧑 **새**

사는 곳 산, 숲, 들
먹이 딱정벌레, 애벌레, 씨앗, 나무 열매
구분 텃새

곤줄박이

곤줄박이는 몸길이가 14센티미터쯤 되는 텃새야.
'곤줄매기'라고도 하지. 우거진 숲이나
들에 살아. 발가락 힘이 세서 나뭇가지를 잡고
잘 매달려. 벌레와 씨앗, 나무 열매를 먹는데
가을에 나무 틈이나 구멍 속에
먹이를 숨겼다가 겨울에 먹기도 해.
사람이 주는 먹이도 잘 받아먹어.

조팝나무

🌳 **나무**

사는 곳 산, 들, 철둑길, 밭둑
다른 이름 조밥나무, 튀밥꽃, 싸래기꽃
특징 뿌리를 약으로 쓴다.

조팝나무는 본줄기 없이 밑동에서 가지를 치는 떨기나무야. 봄에 잎보다 먼저 흰 꽃이 가득 달려. 마치 하얀 꽃방망이 같아. 꽃은 네댓 송이씩 줄기에 붙어 피는데 향기가 진하고 꿀이 많아.
꽃이 지면서 잎이 돋아나지.
산이나 들에서 저절로 자라지만 산울타리로도 많이 심어. 새순은 나물로 먹어.

진달래

🌳 **나무**

사는 곳 양지바른 산기슭, 솔숲, 공원
다른 이름 참꽃나무, 진달리, 두견화
특징 꽃을 먹을 수 있다.

진달래는 봄에 양지바른 산기슭이나 소나무 숲 아래서 무더기로 피어.
공원이나 마당에 심기도 하지.
꽃이 먼저 피고, 꽃이 다 피면 잎이 나기 시작해.
진달래꽃은 먹을 수 있어서 참꽃이라 하고, 생김새가 닮았지만
철쭉은 먹을 수 없어서 개꽃이라고 해.

호랑나비

🙂 **곤충**

사는 곳 산속, 숲 둘레, 물가 둘레, 들판
잘 모이는 꽃 엉겅퀴, 산초나무, 참나리
한살이 알 〉 애벌레 〉 번데기 〉 어른벌레

노랑 바탕에 검정 줄무늬가 있는 날개가
호랑이 무늬와 비슷해서 호랑나비야.
한 해에 두 번, 봄과 여름에 나타나는데
봄 나비는 여름 나비보다 몸집이 작고
색깔이 또렷해. 진달래꽃을 비롯해
여러 꽃에서 꿀을 먹는데 앞다리로 맛을 보고
빨대같이 생긴 입으로 꿀을 빨아 먹어.
번데기로 겨울을 나.

🙂 **나무**

사는 곳 산, 들, 마당
다른 이름 물앵두, 오얏, 유스라지나무
특징 벚나무 무리 가운데 잎과 키가 가장 작다.

이스라지

이스라지는 토박이 나무로 우리나라 산과 들
어디서나 볼 수 있어. 봄에 잎보다 꽃이 먼저
피거나 같이 피어. 꽃은 흰색 또는 분홍빛이야.
7월~8월에 빨간 열매가 익는데
나무와 열매 생김새가 앵두와 꼭 닮아서
'산앵두'라고 하기도 해.
추위에 강하지만 그늘에선 잘 못 자라.
씨 속에 든 알맹이는 약으로 써.

개울이 도감 수첩

땃쥐

🔴 포유류

사는 곳 산속, 나무가 우거진 곳
먹이 벌레, 지렁이, 달팽이, 지네
특징 젖먹이 동물 가운데 가장 작다.

땃쥐는 몸길이가 6~10센티미터로
젖먹이 동물 가운데 가장 작아.
주둥이가 길고 뾰족해서 쥐와 닮았지만
두더지 쪽에 더 가까워.
벌레, 지렁이, 달팽이, 지네 따위를 먹어.
나무가 우거지고 나뭇잎이 쌓여 썩은 곳을
좋아하는데 낮에는 쉬고 밤에 주로 나와.
겨울에도 겨울잠을 안 자고 쉴 새 없이
벌레를 찾아 먹어.

🔴 새

사는 곳 숲, 공원
먹이 벌레, 나무 열매, 풀씨
구분 나그네새

유리딱새

수컷

유리처럼 맑고 푸른빛을 띤다고 '유리딱새'야.
몸길이는 14센티미터쯤 돼.
수컷은 파란색이고 암컷은 연한 녹갈색을 띠어.
다른 딱새들보다 경계심이 적어서 사람이
가까이 가도 도망가지 않아.
시베리아 같은 북쪽 지방과
동남아시아를 오가며 살고,
봄가을에 우리나라에 들르는 나그네새야.

초여름 숲에서 만난 자연 동무들

아까시나무

나무

사는 곳 산속, 햇볕이 잘 드는 곳
다른 이름 아카시아, 아가시나무, 가시나무
특징 땅을 기름지게 한다.

아까시나무는 숲의 맨 위층을 이루는
큰키나무 가운데 하나야.
큰 건 20미터가 넘기도 해.
초여름에 흰 꽃이 피는데 향기가 진해.
어린 줄기와 가지에는 큰 가시가 있어.
아까시나무꽃에는 꿀이 많아서 벌을 치는
사람들이 아까시나무꽃 피는 때에
맞춰서 온 나라를 옮겨 다녀.

곤충

사는 곳 산, 숲 둘레, 들
먹이 꽃꿀
한살이 알 〉 애벌레 〉 번데기 〉 어른벌레

꿀벌

꿀벌은 입이 뾰족하고 혀가 길어서 꿀을 잘 빨아.
꽃에 있는 꿀을 따다가 벌집에 모아 두지.
또 뒷다리 종아리마디가 넓적해서
꽃가루도 잘 옮길 수 있어.
꿀벌은 한 집에서 여왕벌 한 마리, 수벌 수백 마리,
일벌 수만 마리가 무리를 이루고 살아.
여왕벌은 알을 하루에 이삼천 개씩 낳지.

개울이 도감 수첩

고사리

🟡 풀

사는 곳 볕이 잘 드는 산자락, 숲속
다른 이름 꼬사리, 길상채, 권두채
특징 한 번 꺾은 자리에서 다시 난다.

고사리는 산이나 숲속에서 자라는 여러해살이풀이야.
햇빛이 잘 드는 곳에서도 나지만 그늘지고 물기가 많은 곳에서 더 잘 자라.
나물로 즐겨 먹는데 이른 봄에 아직 잎이 펴지지 않은 어린 잎자루를 꺾어서 먹어.
독성이 있어서 꼭 뜨거운 물에 삶아 독을 우려내고 먹어야 해.

🟠 버섯

사는 곳 숲속, 길가, 뜰
나는 때 여름~가을
구분 공생균

자주졸각버섯

고운 자줏빛을 띤 버섯이야.
우리나라 곳곳에서 흔히 볼 수 있어.
여름부터 가을까지 숲속 땅 위나 길가, 뜰에 홀로 나거나 무리 지어 나.
먹는 버섯으로 쫄깃하고 맛이 담백하지만 크기가 작아서 즐겨 먹지는 않아.
나쁜 균을 막는 힘이 있어서 약재로도 써.

찔레나무

🙂 나무

사는 곳 산기슭, 골짜기, 볕이 잘 드는 냇가
다른 이름 가시나무, 찔루나무, 들장미
특징 가지에 날카로운 가시가 많다.

찔레나무는 산기슭이나 골짜기, 볕이 잘 드는 냇가에서 덤불로 자라는 떨기나무야. 날카로운 가시가 많아서 '가시나무'라고도 하고 '들장미'라고도 해. 봄에 나온 찔레나무 새순은 물기가 많고 맛이 달콤해서 많이 꺾어 먹어. 찔레꽃은 향기가 좋아서 향수나 화장품에 써.

산개구리

🙂 양서파충류

사는 곳 산골짜기, 산기슭 무논
먹이 날벌레, 개미, 지렁이, 거미
특징 몸빛이 가랑잎 색깔과 비슷하다.

산에 산다고 '산개구리'라고 해. 몸길이는 6~7센티미터쯤 돼. 온몸이 누렇고 눈 뒤에 검은 무늬가 있어. 낮에는 나무둥치나 물속 바위 밑에 숨어 있고 밤에 나와서 풀숲을 돌아다니며 날벌레나 개미 따위를 잡아먹어. 겨울에는 개울물 속 수북이 쌓인 가랑잎 밑에 여러 마리가 모여서 겨울잠을 자.

개울이 도감 수첩

곤충

모시나비

사는 곳 산속 풀밭, 숲 가장자리
잘 모이는 꽃 쥐오줌풀, 기린초, 엉겅퀴, 서양민들레
한살이 알 〉 애벌레 〉 번데기 〉 어른벌레

모시나비는 몸과 날개 빛깔이 하얘. 날개가 여름에 입는 모시처럼 얇고 속이 비쳐. 들판이나 낮은 산 둘레 풀밭에 사는데 5월에서 6월 초에 나타나 천천히 미끄러지듯 날아다녀. 기린초, 토끼풀, 엉겅퀴, 자운영 같은 꽃에서 꿀을 빨아 먹어. 꿀을 먹고 있을 때는 웬만큼 가까이 다가가도 도망가지 않아.

풀

엉겅퀴

사는 곳 낮은 산, 볕이 좋은 들판
다른 이름 가시나물, 엉거시, 항가시
특징 잎에 날카로운 가시가 있다.

엉겅퀴는 낮은 산이나 들판에서 자라는 여러해살이풀이야. 키가 50~100센티미터쯤 되는 큰 풀이고 잎 가장자리에 날카로운 가시가 있어서 '가시나물'이라고도 해. 6월~8월에 자줏빛 꽃이 피어. 어린잎은 나물로 무쳐 먹거나 국을 끓여 먹기도 하고, 피를 멎게 하는 효과가 있어 약으로도 써.

21

한여름 골짜기에서 만난 자연 동무들

물푸레나무

🟢 **나무**

사는 곳 산기슭, 산골짜기, 개울가
다른 이름 없음.
특징 가지를 꺾어 물에 담그면 푸른 물이 우러난다.

물푸레나무는 큰키나무야. 산기슭, 산골짜기, 개울가에서 아름드리 나무로 15미터쯤 자라. 가지를 꺾어 깨끗한 물에 담그면 푸른 물이 우러나서 '물푸레나무'라고 해. 물푸레나무 껍질을 달인 물은 눈을 밝게 하고 눈병을 막아 준대.

🔴 **새**

사는 곳 산골짜기, 호수, 바닷가, 마을
먹이 쥐, 물고기, 개구리, 뱀, 게, 벌레
구분 여름 철새

청호반새

몸빛이 푸른색을 띠는데 햇빛을 받으면 반짝거려. 몸길이가 28센티미터쯤 되고, 암수가 거의 비슷하게 생겼어. 주로 호수나 산골짜기에서 살아. 쥐, 뱀, 물고기, 개구리를 먹고 더러 곤충도 먹어. 먹이를 찾을 때는 높은 나뭇가지에 앉아서 내려다보거나 정지 비행을 해.

개울이 도감 수첩

다람쥐

🟧 **포유류**

사는 곳 산속
먹이 도토리, 밤, 잣, 개미, 거미
특징 등에 검은 줄이 다섯 개 있다.

도토리나 밤, 잣처럼 단단한 열매를 잘 먹고,
애벌레나 개미, 거미 따위를 잡아먹기도 해.
먹을 것을 찾으면 양쪽 뺨에 있는
볼주머니에 넣고 주변을
잘 살필 수 있는 곳으로 가서 먹어.
땅속이나 나무 속에 보금자리를 만들고
10월 중순부터 봄이 올 때까지 겨울잠을 자.

🟩 **민물고기**

사는 곳 산골짜기, 냇물
먹이 물벌레, 옆새우, 돌말, 날벌레
특징 맑고 차가운 물을 좋아한다.

버들치

버들잎처럼 생겨서 '버들치'야.
버들치는 산골짜기 맑은 물에서 많이 살아.
수십 마리가 줄줄이 헤엄쳐 다니기도 해.
몸길이는 10~15센티미터쯤 되고,
밤색 몸통에 자잘한 검은 점이 많이 있어.
맑고 차가운 물을 좋아해서 추운 겨울에도
아랑곳하지 않고 헤엄쳐 다녀.

꺽지

> 🟢 **민물고기**

사는 곳 산골짜기, 물이 맑고 돌이 깔린 냇물
먹이 물고기, 날도래 애벌레, 작은 새우, 물벌레
특징 아가미, 등지느러미, 뒷지느러미에 억센 가시가 있다.

꺽지는 바위가 많은 산골짜기에 사는데
물살이 느린 곳을 좋아해.
낮보다는 밤에 더 잘 돌아다녀.
물벌레, 작은 새우, 물고기 따위를 잡아먹어.
몸길이는 15~30센티미터쯤 되고
온몸에 하얀 점이 있어.
등지느러미에 억세고 뾰족한 가시가 있으니
찔리지 않게 조심해야 해.

> 🟠 **곤충**

사는 곳 산속, 숲 둘레
잘 모이는 꽃 보리수나무, 야광나무, 원추리
한살이 알 〉 애벌레 〉 번데기 〉 어른벌레

긴꼬리제비나비

몸과 날개가 크고 검은빛을 띠어. 날개 끝에는
긴 돌기가 꼬리처럼 뻗어 있어. 참나무가 많은
울창한 산골짜기나 길가에 자주 나타나.
갑자기 숲속에서 나와 길을 따라 날기 때문에
마치 길을 안내하는 것처럼 보여.
수수꽃다리, 나리, 엉겅퀴 같은 꽃에서
꿀을 빨아 먹어.

개울이 도감 수첩

참나리

풀

사는 곳 산기슭, 볕이 잘 드는 들판
다른 이름 산나리, 호랑나리, 알나리
특징 비늘줄기를 약으로 쓴다.

볕이 잘 드는 산기슭이나 들판에서 자라는 여러해살이풀이야. 꽃에 난 짙은 자줏빛 점 때문에 '호랑나리'라고도 해. 7월~8월에 줄기와 가지 끝에서 큰 주황색 꽃이 땅바닥을 보고 피어. 꽃잎은 위쪽으로 말려 있고 주근깨처럼 자줏빛 점이 있어. 잎겨드랑이에는 까만 콩알 같이 생긴 열매가 달려. 키는 1~2미터쯤 돼.

꼬리치레도롱뇽

양서파충류

사는 곳 깊은 산골짜기
먹이 날도래 애벌레, 거미, 쥐며느리, 옆새우
특징 아주 깨끗한 곳에서만 산다.

몸길이는 18센티미터쯤 되고, 누런 몸에 노란 점이 얼룩덜룩 있어서 몸빛이 거무스름한 도롱뇽과 쉽게 구별돼. 꼬리가 몸통보다 더 길어. 낮에는 물가 돌무더기나 가랑잎 더미에 숨어 있고, 밤에 먹이를 사냥해. 움직임이 느린 벌레나 지렁이를 잡아먹어.

낮과 또 다른 모습, 여름밤 산속

한여름 밤, 산속에는 낮 동안 실컷 쉬다가
해가 진 뒤 활발하게 움직이는 동무들이 많아.
낮보다 밤이 좋은 동물은?
밤에만 꽃을 피우는 식물은?

소쩍새

분홍 꽃이 향기로운 자귀나무는 해가 지면 마주난 잎들이 서로 맞붙으면서 축 처져.

자귀나무

소쩍새가 방금 벌레를 물고 날아갔어!

삵

여름밤 산속에서 만난 자연 동무들

자귀나무

🧑 나무

사는 곳 산기슭, 숲 둘레, 길가, 공원
다른 이름 자괴나무, 소쌀나무, 합환수
특징 해 질 무렵에 연분홍빛 꽃이 핀다.

자귀나무는 키가 보통 3~8미터쯤 자라는 작은키나무야. 기다란 잎자루에 자잘한 쪽잎 40~60개가 마주 보고 달려 있어. 해거름이나 비가 오면 잎들이 서로 맞붙어 축 처지고 해가 나면 다시 펴지지. 꽃은 연분홍빛이야. 6월~7월부터 두 달쯤 피는데 해 질 무렵에 피어.

소쩍새

 새

사는 곳 산, 숲, 공원
먹이 쥐, 벌레, 거미, 풀씨
구분 여름 철새

'소쩍, 소쩍' 운다고 해서 소쩍새야.
숲에 살지만 밤에는 공원까지 내려오기도 해.
야행성이라 낮에는 잠을 자고,
초저녁부터 새벽까지 날아다니며 먹이를 찾아.
흔히 쥐나 벌레를 잡아먹고 풀씨도 먹어.
몸길이는 20센티미터쯤으로
올빼미 무리 가운데 가장 작아.
천연기념물로 보호하고 있어.

개울이 도감 수첩

삵

🔴 포유류

사는 곳 산속
먹이 쥐, 멧토끼, 고라니 새끼, 새, 벌레
특징 고양이와 닮았다.

삵은 '살쾡이'라고도 하는데
고양이와 비슷하지만 더 크고 사나워.
산속 덤불숲에 살고 밤에 나와 사냥을 해.
쥐를 가장 많이 잡아먹어. 나무에도
잘 오르고 고양이와 달리 헤엄도 곧잘 쳐.
황갈색 바탕에 검은 점이 고루 있고
이마에 흰 줄무늬 두 개가 또렷해.
몸길이는 50~65센티미터쯤 돼.

🔴 포유류

사는 곳 산속, 마을 둘레
먹이 파리, 나방, 하루살이 같은 벌레
특징 젖먹이 동물이면서 새처럼 날 수 있다.

박쥐

박쥐는 새처럼 날아다니지만 젖먹이 동물이야.
몸과 머리는 쥐처럼 생겼어.
긴 앞발 발가락 사이에 있는 얇은 살갗이
날개 구실을 해. 밤에 돌아다니는데
눈이 나쁜 대신 귀가 밝고 냄새도 잘 맡아.
초음파라는 특수한 소리를 내서
장애물을 피하고 먹이를 찾아.
동굴에 거꾸로 매달려서 겨울잠을 자.

집박쥐

수리부엉이

🧑 **새**

사는 곳 산 둘레, 벼랑
먹이 쥐, 꿩, 산토끼, 개구리, 도마뱀
구분 텃새

수리부엉이는 벼랑이나 바위가 많은 산 둘레에 살아. 낮에는 쉬고 어두울 때 날아다니며 벌레와 동물을 잡아먹는데 소화하지 못한 털과 뼈는 다시 게워 내. 몸길이는 70센티미터쯤으로 올빼미 무리 가운데 가장 커. 머리에 난 깃은 귀처럼 쫑긋 서 있어. 천연기념물이자 멸종위기 야생생물 2급으로 보호하는 텃새야.

🧑 **곤충**

사는 곳 산
먹이 꿀, 나뭇진
한살이 알 〉 애벌레 〉 번데기 〉 어른벌레

점갈고리박각시

점갈고리박각시는 산에 많이 살아. 날개 끝이 뾰족한 갈고리 같아서 이름에 갈고리가 붙었어. 날개가 크고, 푸드덕푸드덕 빠르게 날아다녀. 낮에는 움직이지 않다가 밤이 되면 들꽃을 찾아다니며 꿀을 먹어. 날개를 펼친 길이가 10센티미터에 가깝고, 배와 앞날개 몸통 가까이에는 짙은 밤색 점이 뚜렷해.

개울이 도감 수첩

달맞이꽃

🟢 풀

사는 곳 산기슭, 냇가, 길가
다른 이름 월견초, 야래향, 월하향
특징 밤에 꽃이 핀다.

길가, 냇가, 산에서 흔히 볼 수 있는
한해살이풀이야.
여름이나 가을에 싹이 터서 땅에 바짝 붙어
겨울을 나고 이듬해 여름에 꽃을 피워.
낮에는 꽃잎을 오므리고 있다가 밤이 되면
달을 맞이하듯이 활짝 핀다고 '달맞이꽃'이야.
밤이 깊어 갈수록 향도 짙어지지.
키는 2미터까지 자라.

반딧불이

🟠 곤충

사는 곳 산골짜기 둘레, 논, 개울
먹이 이슬
한살이 알 > 애벌레 > 번데기 > 어른벌레

반딧불이는 배 뒤쪽에서 불빛을 내.
여름밤에 여러 마리가 불빛을 깜박이며
날아다니는데 느리게 날아서 쉽게 잡을 수 있어.
몸길이는 1센티미터쯤이야.
물가에 알을 낳고 애벌레 때는 물속에 살아.
예전에는 흔했지만 농약을 치면서 많이 사라졌어.
이제 물과 공기가 맑은 곳을 찾아가야만
볼 수 있어.

애반딧불이

알록달록 아름다운 가을 숲

노랗게 노랗게 물든 건 은행나무랑 고로쇠나무,
빨갛게 빨갛게 물든 건 당단풍나무랑 화살나무.
울긋불긋 곱게 물든 가을 숲에는 누가 살고 있을까?

은행나무

당단풍나무

뱅글뱅글
단풍 열매
헬리콥터다!

가을 숲이
꼬까옷을 입었네!
머리에 하나
꽂아 볼까?

왕귀뚜라미

가을 숲에서 만난 자연 동무들

은행나무

🙂 나무

사는 곳 산속, 숲, 마을, 공원, 길가
다른 이름 없음.
특징 오염이 심한 곳에서도 잘 견딘다.

은행나무는 큰키나무야. 옛날부터 집 가까이에 심어 길렀고 요즘은 길가나 공원에 많이 심어. 먼지가 많고 공기가 탁한 곳에서도 잘 자라. 가을이면 노랗게 단풍이 들고, 천 살 넘은 나무가 있을 만큼 오래 살아. 은행 열매와 은행잎은 약으로 써. 열매 껍질은 냄새가 나고 독이 있어.

🙂 나무

사는 곳 산골짜기, 공원, 길가
다른 이름 없음.
특징 잎이 붉게 물든다.

당단풍나무

당단풍나무는 8미터쯤 자라는 작은키나무야. 잎은 손바닥 모양이고 아홉에서 열한 갈래로 깊게 갈라졌지. 가을이면 붉게 물들어. 잎이 먼저 난 뒤 4월~5월에 붉은 꽃이 피어. 열매는 두 개가 쌍으로 붙고 날개가 있어서 여물면 빙글빙글 돌면서 떨어져. 그릇, 악기, 농기구를 만드는 목재로도 써.

개울이 도감 수첩

왕귀뚜라미

곤충

사는 곳 풀숲, 논밭, 집 둘레, 공원
먹이 죽은 벌레, 풀
한살이 알 〉 애벌레 〉 어른벌레

왕귀뚜라미는 몸길이가 20~26밀리미터쯤 돼.
머리는 둥글고 더듬이는 길어. 더듬이와
눈 위쪽으로 하얀 띠무늬가 있어. 깨끗한 곳,
더러운 곳 가리지 않고 잘 살아.
수컷이 가을밤에 '뜨으르르르' 하고
앞날개를 비벼서 울면 암컷은
앞다리에 있는 귀로 소리를 듣고 찾아가.

나무

사는 곳 산골짜기, 공원
다른 이름 없음.
특징 나무줄기에서 받은 물을 약수로 마신다.

고로쇠나무

고로쇠나무는 20미터까지 자라는 큰키나무야.
우리나라에서 나는 단풍나무 무리 가운데
가장 크고 빨리 자라서 목재로도 널리 쓰여.
이른 봄에 살아 있는 나무줄기에서 받은 물을
고로쇠 약수라고 하는데, 뼈를 튼튼하게 해 준대.
잎은 보통 다섯에서 일곱 갈래로 갈라지고
가장자리가 밋밋해. 가을에 노랗게 물들어.

큰허리노린재

🟠 **곤충**

사는 곳 낮은 산, 들, 밭 둘레
먹이 풀, 나무즙
한살이 알 〉 애벌레 〉 어른벌레

큰허리노린재는 몸길이가 19~25밀리미터로
노린재 가운데 아주 큰 편이야.
더듬이가 길고 네 마디로 되어 있어.
암컷이 수컷보다 더 커.
작은키나무에서 흔히 볼 수 있어.
5월~10월 사이에 나타나 나무즙을 빨아
먹는데, 새순 즙을 빨아 순이 말라 죽게도 해.
손으로 잡으면 시큼한 냄새를 피워.

화살나무

🟢 **나무**

사는 곳 낮은 산기슭, 들
다른 이름 홑잎나무, 참빗나무, 참빗살나무
특징 나무못, 공예품을 만드는 데 쓴다.

가지에 화살 깃처럼 생긴 날개가 붙어서
'화살나무'라고 해. 옛날에는 이 나무로
진짜 화살을 만들기도 했대.
가을에는 빨갛게 단풍이 들고 붉은 열매가
겨울까지도 달려 있어서 뜰에 심으면 보기 좋아.
어린잎은 나물로 무쳐 먹거나 국을 끓여 먹어.

38

개울이 도감 수첩

가새쑥부쟁이

풀

사는 곳 산기슭, 들, 밭
다른 이름 쑥부쟁이
특징 여름부터 가을까지 연보라색 꽃이 핀다.

햇볕이 잘 드는 곳에서 무리 지어 자라는 여러해살이풀이야. 키는 1~1.5미터쯤 되고 물기가 조금 있는 땅을 좋아해. 잎은 어긋나는데 둥글면서 길쭉해. 어린잎은 나물로 먹고, 뿌리째 캐어서 말린 다음에 오줌을 잘 나오게 하는 약으로 쓰기도 해.

버섯

사는 곳 숲속
나는 때 여름~가을
구분 분해균

테두리방귀버섯

동그란 구멍으로 방귀를 뀌듯 먼지 같은 포자를 퐁퐁 내뿜는 버섯이야. 여름부터 가을까지 낙엽이 많이 쌓인 숲속이나 거름기가 많은 땅에 홀로 나거나 흩어져서 나. 얼핏 도토리가 떨어져 있는 듯이 보여. 먹을 수 있는지와 독성분은 아직 밝혀지지 않았어.

한가을 산골짜기에서 만난 자연 동무들

하늘다람쥐

🙂 **포유류**

사는 곳 깊은 산
먹이 산열매, 나뭇잎
특징 나무 사이를 날아다닌다.

깊은 산 나무 위에서 살아. 옆구리에 있는 얇은 막이 날개 구실을 해서 나무 사이를 날아서 옮겨 다녀. 멀게는 100미터까지 날 수 있어. 나무 구멍에서 살기도 하고 둥지를 짓기도 해. 나뭇잎과 열매를 즐겨 먹고 가을에는 도토리나 잣을 먹어서 살을 찌워. 겨울이 와도 겨울잠을 안 자.

🙂 **나무**

사는 곳 산골짜기, 평지
다른 이름 재갈나무
특징 도토리에서 가루가 많이 나온다.

갈참나무

참나무 가운데 하나야. 키가 30미터쯤 자라는 큰키나무지. 갈참나무 도토리는 가루가 많이 나와서 보통 도토리묵을 해 먹어.
다른 참나무처럼 나무가 단단해서 목재로 쓰기 좋고 숯을 만들거나 버섯을 기르는 데도 쓰여. 갈참나무잎은 가을에 누런빛으로 물들고 늦게까지 달려 있어.

개울이 도감 수첩

단풍나무

🌳 나무

사는 곳 산골짜기, 공원, 길가
다른 이름 참단풍나무
특징 가을에 단풍이 붉게 든다.

단풍나무는 키가 10미터쯤 자라는 작은키나무야.
산골짜기에 참나무들 사이로 한두 그루씩 자라.
다른 단풍나무 무리와 구별하려고 '참단풍나무'
라고도 해. 가을에 잎이 붉게 물들고,
아홉에서 열한 갈래로 갈라지는 당단풍나무잎과
달리 다섯에서 일곱 갈래로 갈라져.
토끼와 노루가 단풍나무잎을 무척 좋아해.

노루

🦌 포유류

사는 곳 산골짜기
먹이 어린 나뭇가지, 새순, 채소, 곡식
특징 제주도 한라산에 아주 많이 산다.

노루는 고라니보다 퍽 크고 엉덩이에 커다란
흰 점이 있어. 뿔은 수컷만 나는데 나무에
비벼서 냄새를 묻히고 자국을 남겨.
눈과 귀가 밝고 냄새도 잘 맡아.
뛰는 것보다 걷는 걸 좋아하고 헤엄도 잘 쳐.
고라니보다 좀 더 높은 산에 살고
제주도 한라산에 유난히 많아.
개처럼 '컹컹' 하고 울어.

붉나무

🙂 나무

사는 곳 산골짜기, 산기슭
다른 이름 오배자나무, 불나무, 뚜르게나무
특징 붉나무에 생긴 벌레집을 약으로 쓴다.

양지바른 산골짜기나 산기슭에서 자라.
키가 3~5미터쯤 자라는 작은키나무야.
잎은 가을에 붉게 단풍이 들어.
나무즙이 피부에 닿으면 살갗이 부풀고
가려우니 만질 때 조심해야 해.
붉나무에 생긴 벌레집을 '오배자'라 하는데
약으로 써. 그래서 한약방에선
'오배자나무'라고 해.

🙂 포유류

사는 곳 깊은 산
먹이 도토리, 나뭇잎, 벌레, 물고기, 꿀
특징 앞가슴에 흰 반달무늬가 있다.

반달가슴곰

지리산처럼 깊은 산에 사는 큰 산짐승이야.
털색이 검고 앞가슴에 흰 반달무늬가 있어.
잡식성인데 식물을 좀 더 많이 먹어. 벌꿀도
무척 좋아하지. 가을에 엄청 먹는데 주로
도토리를 먹어. 참나무에 올라가서 가지를
꺾어 들고 훑어 먹지. 겨울이 오면 속이 빈
나무나 굴에 들어가서 겨울잠을 자.

개울이 도감 수첩

수달

🧑 포유류

사는 곳 깊은 산부터 바닷가까지 이어진 물줄기
먹이 물고기, 게, 새우, 개구리, 물새
특징 물에서 살고 발가락 사이에 물갈퀴가 있다.

깊은 산부터 바닷가까지 물줄기를 따라서 살아. 발에는 물갈퀴가 있고 몸은 길고 미끈한 데다 털은 물기가 잘 빠져서 물에서 살기 좋아. 물 밖에선 다리가 짧아 뒤뚱거려. 날이 어두워지면 사냥을 하는데 물고기를 좋아해. 물가 바위틈이나 나무 밑동에 있는 굴에 살아. 천연기념물이야.

금강모치

🧑 민물고기

사는 곳 깊은 산골짜기
먹이 물벌레, 작은 새우, 돌말
특징 몸통에 굵고 진한 귤색 줄이 쭉 나 있다.

금강산에서 처음 찾았다고 '금강모치'야. 깊은 산골짜기 맑고 차가운 물에만 살아. 열 마리쯤 몰려다니며 작은 물벌레나 새우를 잡아먹어. 물이 조금만 더러워도 살지 못해서 보기 드물고 귀한 물고기야. 몸길이는 7~8센티미터쯤이야. 몸통에 굵고 진한 귤색 줄이 하나 있어.

초겨울 뒷산에서 만난 자연 동무들

멧토끼

🙂 **포유류**

사는 곳 낮은 산, 풀이 우거진 들
먹이 어린 나뭇가지, 나뭇잎, 풀, 채소, 콩
특징 귀가 커서 소리를 잘 듣는다.

정해진 집 없이 이리저리 옮겨 다니며 지내.
새끼를 낳아 기를 때만 땅굴이나
수풀 우거진 곳에 보금자리를 마련하지.
토끼는 겁이 많아. 작은 소리에도
깜짝 놀라서 폴짝폴짝 뛰어서 달아나.
뒷발이 앞발보다 크고 길어서 잘 뛰어.
낮에는 가만히 있다가 어둑어둑해져야
먹이를 찾아 돌아다녀.

🙂 **곤충**

사는 곳 낮은 산어귀, 논밭, 풀숲
먹이 콩과, 벼과 식물, 과일
한살이 알 〉 애벌레 〉 어른벌레

알락수염노린재

이른 봄부터 늦가을까지 낮은 산어귀, 풀숲이나
논밭 어디서든 흔하게 볼 수 있는 벌레야.
몸 빛깔은 붉은 밤색이나 연보라색이고,
등 가운데는 누런빛을 띠지. 풀이나 나뭇잎을
가리지 않고 잘 먹어. 사마귀 같은 천적이
나타나거나 사람이 손으로 잡으면
고약한 누린내를 뿜어.
풀숲에서 어른벌레로 겨울을 나.

호랑지빠귀

새

사는 곳 숲, 마을
먹이 벌레, 달팽이, 지렁이, 나무 열매
구분 텃새

호랑지빠귀는 몸이 황갈색에 검은색 무늬가 얼룩덜룩하게 있어서 꼭 호랑이 무늬 같아. 깊은 숲속에서 딱정벌레, 나비, 매미, 벌 같은 벌레나 지렁이를 잡아먹으며 살아.
날아오를 때 '끼끼끼' 하는 낮은 소리를 내. 짝짓기 무렵이면 '휘-이, 휘-이' 하는 으스스한 소리를 내서 '귀신새'라고도 해.

양진이

새

사는 곳 산기슭, 숲, 공원, 밭
먹이 벌레, 낟알, 씨앗, 나무 열매
구분 겨울 철새

몸이 통통하고 고운 붉은색을 띠고 있어서 눈에 잘 띄어. 산기슭이나 숲에서 살아. 높은 나무 사이로 파도를 그리며 날다가 먹이를 찾을 때는 땅 위를 걸어 다니지. 벌레나 낟알, 씨앗, 나무 열매를 주로 먹는데, 특히 쑥씨를 좋아해. 11월쯤 우리나라로 와서 겨울을 나는 겨울 철새야.

리기다소나무

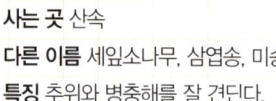 나무

사는 곳 산속
다른 이름 세잎소나무, 삼엽송, 미송
특징 추위와 병충해를 잘 견딘다.

미국에서 들여온 나무로, 솔잎이 세 개씩
모여 나서 '세잎소나무'라고도 해.
송진이 아주 많아서 척박한 땅에서도
잘 자라고 추위와 병충해를 잘 견뎌.
윗 줄기가 잘려도 새로 움이 돋아나서
죽지 않고 살 수 있어. 예전에 산에
나무가 없을 때 많이 심었어.

포유류

사는 곳 산속
먹이 쥐, 개구리, 뱀, 벌레, 산열매, 버섯
특징 굴파기 선수다.

오소리

오소리는 족제비 무리 가운데 가장 커.
통통한 몸에 다리가 굵고 짧으며,
검은 얼굴에 흰 줄 세 가닥이 뒤로 뻗어 있어.
낮에는 굴에서 자고 밤이면
먹이를 찾아서 돌아다녀.
위험하다고 느끼면 사납게 덤비는데
한번 물면 놓지를 않고, 죽은 시늉도 잘해.

개울이 도감 수첩

멧돼지

포유류

사는 곳 참나무 숲, 우거진 덤불숲
먹이 도토리, 나무뿌리, 쥐, 지렁이, 뱀, 벌레
특징 힘이 세고 이것저것 잘 먹는다.

멧돼지는 돼지랑 비슷한데 몸집이 더 크고
힘이 무척 세. 털이 억세고 색깔은 검거나
잿빛이거나 누런색이야. 수컷은 긴 송곳니가
입 밖으로 삐죽 나와 있어. 귀도 밝고 냄새를
잘 맡지만, 눈은 좋지 않아. 추위를 잘 견뎌서
겨울잠을 안 자고 먹이를 찾아다녀.
짝짓기도 겨울에 해.

두더지

포유류

사는 곳 산, 마을 둘레
먹이 벌레, 지렁이
특징 땅속에서 굴을 파고 다닌다.

땅속을 파고 돌아다니는 동물이야.
몸이 둥그렇고 길어서 좁은 굴을 다니기에 좋아.
삽처럼 생긴 큰 앞발로 굴을 파.
깜깜한 굴에서 살기 때문에 눈이 어둡지만,
귀가 밝아서 땅 위로 가까이 오는 소리를
금방 알아내. 벌레나 지렁이를 먹고 사는데,
먹성이 좋아서 하루에 자기 몸무게만큼
땅속 벌레를 삽아먹어.

51

한겨울 뒷산에서 만난 자연 동무들

소나무

나무

사는 곳 산, 햇빛이 잘 드는 땅
다른 이름 적송, 육송, 솔나무
특징 우리나라 어디에서나 볼 수 있다.

소나무는 20~40미터쯤 자라는 늘푸른 바늘잎나무야. 볕이 잘 드는 땅이면 우리나라 어디서든 잘 자라. 단단하고 잘 썩지 않아서 궁궐이나 절을 지을 때 썼어. 수꽃 꽃가루인 송화로는 다식을 만들어 먹고, 솔잎은 가루 내어 먹거나 송편을 찔 때 시루에 깔아. 솔잎과 송진은 약으로도 쓰여.

새

사는 곳 산, 마을, 공원
먹이 벌레, 애벌레, 나무 열매, 솔씨
구분 텃새

박새

박새는 우리나라에서 참새 다음으로 흔한 새야. 몸길이가 14센티미터쯤 되는데 여름에는 마을 둘레나 산속에 살다가 겨울이 되면 공원이나 아파트까지 내려와. 여름에는 벌레를 먹고 겨울에는 씨앗과 열매를 먹어. 멱에서부터 꼬리까지 이어지는 검은 줄이 있어. 위험할 때 '피피피피피' 소리를 내.

개울이 도감 수첩

멋쟁이

🔴 **새**

사는 곳 산골짜기, 숲, 공원
먹이 새싹, 벌레, 씨앗, 나무 열매, 꽃
구분 겨울 철새

'멋쟁이'는 생김새가 멋져서 붙은 이름이야. 울음소리도 아름다워서 예로부터 많이 잡아다 길렀어. 산골짜기 둘레나 숲에 사는데 여름에 몽골이나 러시아에서 새끼를 치고 가을에 우리나라로 날아오는 겨울 철새야. 겁이 없는 편이라 사람이 다가가도 잘 안 도망가. 몸길이는 15센티미터쯤 돼.

조릿대

🟢 **나무**

사는 곳 산속
다른 이름 산죽, 갓대
특징 몇 해에 한 번씩 꽃을 피운다.

조릿대는 산에서 자라는 작은 대나무야. 키가 1~2미터쯤 돼. 쌀에서 돌을 골라낼 때 쓰는 조리를 만든다고 '조릿대'라고 해. 채반이나 바구니도 만들어. 잎은 약으로 쓰고, 열매는 흉년이 들었을 때 쌀 대신 먹었어. 그런데 몇 해에 한 번씩만 꽃을 피우고 열매를 맺어.

청설모

🧑 **포유류**

사는 곳 산속, 숲
먹이 도토리, 가래, 솔방울, 벌레, 새알, 버섯
특징 나무 타기 선수다.

청설모는 잣나무나 소나무가 우거진 산에 많이 살아. 온몸이 잿빛 털로 덮여 있고, 긴 발톱이 안으로 굽어서 나무를 잘 타. 다람쥐와 달리 땅에 잘 내려오지 않고 겨울잠도 안 자. 주로 딱딱한 산열매를 먹지만 벌레 같은 작은 동물을 잡아먹기도 하고 버섯이나 새알도 먹어. 몸길이는 20~25센티미터쯤 돼.

꿩

 **새**

사는 곳 산기슭, 풀밭
먹이 콩, 풀씨, 벌레, 애벌레
구분 텃새

꿩은 날아오를 때 '꿩꿩, 꿩' 소리를 낸다고 '꿩'이야. 수컷은 장끼, 암컷은 까투리, 새끼는 꺼병이라고 해. 풀밭이나 산기슭에 사는 텃새인데 조금씩은 날아도 오래 날지는 못해. 수컷은 몸길이가 80센티미터쯤 되고 깃이 화려해. 암컷은 60센티미터쯤 되고 깃이 수수해. 꿩고기는 떡국이나 만두에 넣어 먹어.

수컷

개울이 도감 수첩

고라니

수컷

포유류

사는 곳 산기슭, 물가 풀숲
먹이 풀, 나뭇잎, 산열매, 채소
특징 철 따라 사는 곳을 옮겨 다닌다.

고라니는 우리나라 특산종으로 우리나라에 가장 많이 살아. 몸길이는 80~120센티미터쯤 되고 털은 적갈색이야.
노루와 닮았는데 더 작아. 엉덩이에 커다란 흰 점이 있으면 노루고, 없으면 고라니야. 암수 모두 뿔이 없고 수컷만 송곳니가 입 밖으로 길게 나와 있어. 겁이 많아.

억새

풀

사는 곳 산, 들
다른 이름 으악새, 속새, 어욱, 자주억새
특징 가을에 보송보송한 이삭이 달린다.

억새는 2미터까지 자라는 여러해살이풀이야. 갈대와 달리 물기가 없는 땅에서 자라. 물가에서 자라는 건 물억새야.
9월에 밝은 갈색 꽃이삭이 달리는데 시간이 지나면 보송보송 하얗게 피어나. 무리 지어 살아서 가을엔 하얀 억새밭을 이뤄. 볏짚 대신 지붕을 이거나 물건을 만드는 데도 썼어.

닮은 꼴 자연 동무를 찾아라!

진달래처럼 꽃전으로 먹을 수 있어

진달래 13쪽

국화

국화는 진달래처럼 먹을 수 있는 꽃이야.
봄에 돋는 어린잎은 나물로 먹고,
꽃은 전으로 부쳐 먹지.
차로 마시거나 술을 빚기도 해.

꿀벌과 꼭 닮았어

꿀벌 18쪽

배짧은꽃등에

꽃등에

꽃등에는 꼭 벌처럼 생겼어.
산기슭이나 들에 피는 여러 가지 꽃에
모이는 것도 비슷해.
꽃가루와 꿀을 먹고 꽃가루받이를 해 줘.
그래서 일부러 길러서 과수원에
풀어 두기도 한대.

개울이의 신기한 도감 수첩

물푸레나무처럼 물들일 수 있어

물푸레나무 24쪽

치자나무

물푸레나무를 태운 잿물로 옷감을 물들이면 푸르스름한 잿빛이 돌아. 치자나무 열매로는 노란 물을 들일 수 있어. 옷감뿐 아니라 음식에도 써. 부침개나 떡을 물들이거나 단무지를 만들 때도 써.

꼬리치레도롱뇽처럼 쉽게 보기 힘들어

꼬리치레도롱뇽 27쪽

이끼도롱뇽

이끼도롱뇽은 꼬리치레도롱뇽처럼 몸 빛깔이 누래. 높은 산골짜기에 살아서 보기 힘든 것도 서로 닮았지. 이끼도롱뇽은 우리나라에서 처음 발견된 고유종이야.

자귀나무처럼 잎을 오므려

자귀나무 30쪽

자귀풀

자귀풀은 잎 모양이 자귀나무잎과 비슷해서 '자귀풀'이라는 이름이 붙었어. 또 자귀나무잎처럼 밤이 되면 잎을 오므리지. 뿌리혹에는 질소를 모으는 세균이 있어서 땅을 기름지게 하는 풀이야.

수리부엉이처럼 소리 없이 날 수 있어

수리부엉이 32쪽

올빼미

올빼미는 부드러운 날개 덕분에 수리부엉이처럼 소리 없이 날아다닐 수 있어. 몰래 날아가 작은 짐승들을 잡아먹지. 귀가 밝아서 어둠 속에서도 움직이는 소리를 듣고, 짐승들을 찾을 수 있어.

개울이의 신기한 도감 수첩

테두리방귀버섯처럼 생김새가 재미나

테두리방귀버섯 39쪽

노랑망태버섯

노랑망태버섯은 이름처럼 자루 둘레에 노란빛 그물치마를 망토처럼 두르고 있어. 모습이 화려해서 유럽에서는 '여왕버섯'이라고 한대. 흰색 자루는 요리해서 먹을 수 있어.

금강모치처럼 짝짓기 철에 몸빛이 바뀌어

금강모치 45쪽

수컷

갈겨니

민물고기는 짝짓는 철이 되면 몸 색깔이 바뀌어. 이를 '혼인색'이라고 해. 금강모치 수컷은 배에 굵은 귤색 줄이 하나 더 생겨. 갈겨니 수컷도 배가 빨개지고 눈도 빨개지지.

개울이와 동무 찾기

산과 숲에 누가 누가 있는지 찾아볼까?

멋쟁이, 멧토끼, 달맞이꽃, 유리딱새, 붉나무, 반딧불이, 꿀벌, 하늘다람쥐, 자귀나무, 화살나무

청설모, 호랑나비, 큰허리노린재, 오소리, 청호반새, 땃쥐, 모시나비, 반달가슴곰, 꼬리치레도롱뇽, 테두리방귀버섯

초봄 언덕에서 만난 자연 동무들

생강나무

🌳 나무

사는 곳 산속, 야트막한 산기슭, 산 둘레
다른 이름 동백나무, 아귀나무, 단향매
특징 옛날에 생강 대신 양념으로 썼다.

생강나무는 겨울에 잎이 지는 작은키나무야.
잎과 가지에서 생강 냄새가 나.
생강이 들어오기 전에는 실제로 잎과 가지를
말려서 생강처럼 양념으로 쓰기도 했어.
이른 봄에 산속에서 가장 먼저 노란 꽃을 피워.
열매는 기름을 짜는데 동백기름과 비슷해.
그래서 동백나무가 없는 지방에선
생강나무를 동백나무라고 했어.

🌳 나무

사는 곳 들, 밭, 공원, 정원
다른 이름 매화나무
특징 우리나라 어디서나 기를 수 있다.

매실나무

매실나무는 이른 봄에 희고 향기로운
꽃이 피는 작은키나무야.
추위나 가뭄을 잘 견뎌.
꽃 이름을 따서 '매화나무'라고도 해.
꽃이 지고 얼마 안 있어 열매인 매실이 달려.
매실은 누렇게 익기 전에 따.
맛이 몹시 시고 떫어서 날로 먹지 않고
차와 장아찌, 잼이나 술을 만들어 먹어.

개울이 도감 수첩

냉이

풀

사는 곳 들, 밭, 길가
다른 이름 나이, 나생이, 내생이
특징 봄에 캐서 나물로 먹는다.

봄나물로 많이 먹는 한해살이풀이야.
이른 봄에 눈이 녹으면 겨울을 난 싹을
뿌리째 캐어다 살짝 데친 뒤 무쳐 먹어.
냉잇국을 끓이기도 해.
쌉쌀하고 향긋한 맛 때문에 사람들이 좋아해.
봄에 방석 같은 뿌리잎 가운데서 줄기가 올라오고
4월~5월에 줄기 끝에 하얀 꽃이 모여서 피어.
열매는 심장 모양이야.

딱새

수컷

새

사는 곳 숲, 마을, 밭
먹이 벌레, 나무 열매, 풀씨
구분 텃새

'딱, 따닥, 딱' 하는 소리를 낸다고 '딱새'야.
숲이나 마을 둘레에서 볼 수 있어.
무리를 짓지 않고 혼자 또는 암수가 함께 다녀.
키 작은 나무에 앉아 꽁지를 떠는 버릇이 있고
다가가도 쉽게 달아나지 않아. 여름에는
벌레를 잡아먹고 겨울에는 열매나 풀씨를 먹어.
몸길이는 14센티미터쯤이야.

산수유

🧑 나무

사는 곳 산기슭, 밭
다른 이름 산채황, 약조, 홍조피
특징 이른 봄에 노란 꽃이 핀다.

7미터쯤 자라는 작은키나무야. 이른 봄에 잎보다 먼저 노랗고 향기로운 꽃을 피워. 가을이면 가지마다 주렁주렁 달린 산수유가 새빨갛게 익는데 늦가을에 서리 내린 뒤에 나무를 털어서 따. 말려서 약으로 쓰거나 차나 술을 만들어. 생김새가 좋고 잘 자라서 요즘은 도심이나 공원에 많이 심어.

쑥

👩 풀

사는 곳 산, 들, 집 둘레, 길가
다른 이름 약쑥, 바로쑥, 타래쑥
특징 여러 가지 먹을거리를 만들거나 약으로 쓴다.

쑥은 우리나라 어디서나 볼 수 있고,
세계 곳곳에서도 자라는 여러해살이풀이야.
줄기와 잎은 흰색 털로 덮여 있고,
여름에는 줄기 끝에 황토색 꽃이 피어.
쑥은 쓰임새가 무척 많아.
어린잎은 나물로 먹고, 국이나 떡도 해 먹어.
말려서 뜸을 뜨기도 하고,
찧어서 상처에 붙이기도 해.

개울이 도감 수첩

질경이

풀

사는 곳 산길, 들길, 논둑, 밭둑, 집 둘레
다른 이름 길경이, 빼뿌쟁이, 길짱구
특징 나물로 먹고 약으로도 쓴다.

질긴 풀이라고 이름이 '질경이'야. 사람들 발이나 바퀴에 밟혀도 끄떡없이 자라서 여기저기 흔한 여러해살이풀이야. 봄에 어린잎을 나물로 먹는데 된장국에 넣어도 맛있어. 씨앗 말린 것은 '차전자'라고 하는데 가래를 삭이고 변비를 고치는 데 써. 줄기 없이 뿌리에서 잎이 바로 나와.

곤충

사는 곳 들, 밭
먹이 진딧물
한살이 알 〉 애벌레 〉 번데기 〉 어른벌레

칠성무당벌레

칠성무당벌레는 주홍빛 딱지날개에 까만 점이 일곱 개 있어. 이른 봄부터 가을 사이에 채소나 곡식처럼 진딧물이 있는 곳이면 어디서나 쉽게 볼 수 있어. 어른벌레가 사는 곳에는 까맣고 길쭉한 애벌레도 많은데 모두 진딧물을 잡아먹고 살아서 농사에 큰 도움을 줘. 몸길이는 6~7밀리미터쯤이야.

백로 무리를 찾아, 초여름 논

5월 즈음이면 모내기를 앞두고 논을 갈아엎어.
옛날에야 소가 쟁기로 논을 갈았지만 지금은 트랙터로 갈지.
트랙터가 논을 가는데 황로, 백로는 왜 신이 났을까?

땅강아지

황로

쇠백로

가을걷이 끝난 논에 뿌린 자운영 씨앗이 이렇게 예쁜 꽃밭을 이루었어. 자운영은 논흙을 기름지게 해 준대.

트랙터가 땅을 갈면 거기서 땅강아지, 지렁이 들이 나와. 백로 무리가 좋아하는 먹이들이지.

자운영

초여름 논에서 만난 자연 동무들

황로

🙂 **새**

사는 곳 논, 밭, 늪, 풀밭
먹이 물고기, 벌레, 개구리, 뱀, 게, 쥐
구분 여름 철새

황로는 짝짓기 무렵이면 목과 등에 노란 깃이 나는 새야. 겨울에는 몸 전체가 흰색이고, 몸길이는 50센티미터쯤으로 백로 무리 가운데 작고 통통한 편이야. 여름 철새라 봄에 우리나라에 오는데 흔히 논 둘레에서 작은 무리를 이루고 논갈이할 때 뒤따라 다니며 땅강아지나 굼벵이를 잡아먹어.

🙂 **곤충**

사는 곳 논밭, 들
먹이 채소와 곡식 뿌리
한살이 알 〉 애벌레 〉 어른벌레

땅강아지

땅강아지는 땅속에서 굴을 파고 다니고, 알도 땅속에 낳아. 앞다리가 짧고 납작한 데다 갈퀴처럼 생겨서 굴을 잘 파. 빠르게 기어 다니고 헤엄도 잘 쳐. 뒷날개로 날기도 해. 몸길이는 3센티미터쯤 되고 배 끝에는 긴 꼬리털이 두 개 있어. 채소와 곡식, 나무뿌리를 갉아 먹어서 피해를 주기도 해.

쇠백로

새

사는 곳 논, 늪, 강
먹이 물고기, 벌레, 개구리
구분 여름 철새

쇠백로는 몸길이가 60센티미터쯤으로 백로 무리 가운데 작은 편이야. 부리와 다리는 까맣고 발은 노란색이야. 짝짓기 철에는 뒤통수에 댕기깃이 두 가닥 자라. 10~50마리씩 무리 지어 살면서 4월~8월까지는 중대백로, 황로 들과 함께 나무 위에 둥지를 짓고 새끼를 길러.

자운영

풀

사는 곳 논둑, 밭, 냇가, 길가
다른 이름 연화초, 홍화채, 쇄미제
특징 흙을 기름지게 한다.

자운영 꽃이 들판 한가득 피면 자줏빛 구름처럼 아름답다고 '자운영'이라는 이름이 붙었어. 4월~5월에 꽃이 피는 한해살이풀이야. 어린순을 캐서 나물로 먹기도 해. 다른 콩과 식물들처럼 뿌리혹에 질소를 모으는 세균이 살고 있어서 땅을 기름지게 하지. 이렇게 거름이 되는 식물을 '녹비 식물'이라고 해.

중대백로

🙂 새

사는 곳 논, 강, 저수지, 개울, 바다
먹이 물고기, 올챙이, 개구리, 도마뱀, 벌레
구분 여름 철새

중대백로는 몸길이가 90센티미터쯤 되는 여름 철새로, 우리나라에 사는 백로 무리 가운데 가장 커. 부리와 눈 앞쪽 피부는 노란색인데 짝짓기 철에는 부리가 검은색, 눈 앞쪽 피부는 옥색으로 바뀌어.
논이나 물가에 살다가 새끼 칠 때가 되면 다른 백로 무리 새들과 섞여 수백 마리씩 나무 위에서 지내.

🙂 민물고기

사는 곳 논, 늪, 저수지, 연못, 둠벙, 논도랑, 냇물
먹이 장구벌레, 실지렁이, 물벌레, 진흙, 물풀
특징 몸이 길쭉하고 미끌미끌하다.

미꾸라지

미꾸라지는 살갗에서 미끄덩거리는 물이 나와서 몸이 미끄러워.
논바닥에서 꼬불탕꼬불탕 헤엄쳐 다니며 물벌레나 실지렁이를 잡아먹고 진흙을 먹기도 해. 논에 미꾸라지가 많으면 농사가 잘돼. 논바닥에 구멍을 뚫어 땅속까지 바람이 잘 통하게 해서 벼 뿌리가 튼실해지거든.

개울이 도감 수첩

왜가리

새

사는 곳 논, 저수지, 연못, 강, 냇가, 갯벌
먹이 물고기, 개구리, 뱀, 쥐, 가재, 새우, 벌레
구분 여름 철새

왜가리는 저수지나 강 같은 민물에 살고
물고기나 개구리를 즐겨 먹어.
목을 쭉 펴면 몸길이가 1미터쯤 되는데
평소에는 거의 목을 움츠리고 있어.
등과 날개는 회색이고 머리와 목, 가슴은 흰색이야.
뒤통수에는 검은 댕기깃이 있어.
다른 백로 무리 새들과 섞여서 새끼를 쳐.

뚝새풀

풀

사는 곳 논, 밭, 습지, 물가
다른 이름 둑새풀, 독새풀, 개풀
특징 줄기와 잎을 약으로 쓴다.

뚝새풀은 볕이 잘 드는 밭이나 물가에 사는
한해살이풀이야. 물기 있고 거름기 많은 땅을
좋아해서 논이나 습지에 많아. 가을에 싹이 터서
조금 자라다가 겨울을 난 뒤에 빠르게 자라.
논을 갈아엎기 전까지 온 논을 뒤덮어.
키는 40센티미터쯤 되고 5월~6월에 씨앗이
익어서 바닥에 떨어져.

한여름 다랑논에서 만난 자연 동무들

방동사니

🌱 풀

사는 곳 논, 밭, 연못가
다른 이름 개왕골, 방동산
특징 번식력이 강하고 농약에도 잘 견딘다.

방동사니는 논이나 밭, 연못가처럼 축축한 땅에서 자라는 한해살이풀이야. 몸이 포기로 자라고 잎은 칼같이 길고 끝이 뾰족해. 여름철에 줄기 끝에서 꽃대가 여러 갈래로 나와서 우산살처럼 펴지고 그 끝에 꽃이삭이 달려. 농부들은 방동사니를 좋아하지 않아. 논에 살면서 벼에게 그늘을 지우고 양분도 빼앗거든.

🌱 풀

사는 곳 논, 도랑, 눅눅한 밭
다른 이름 피나지, 피낟
특징 논에 많이 자란다.

물피

물피는 논이나 도랑처럼 얕은 물에서 무리지어 자라는 한해살이풀이야. 물을 좋아해서 벼 사이에서 쉽게 볼 수 있어. 키가 80~100센티미터까지 자라는데 줄기 아래쪽이 자주색을 띠어. 잎은 판판하고 털이 없어. 물피는 벼가 먹을 거름을 먹고 자라기 때문에 농부들이 싫어해.

 개울이 도감 수첩

무자치

🟢 **양서파충류**

사는 곳 논, 갈대숲
먹이 개구리, 물고기, 벌레
특징 한여름에는 물속에 몸을 담그고 쉰다.

논에 사는 독이 없는 뱀이야. 물에 잘 들어가고
헤엄도 잘 쳐서 흔히 '물뱀'이라고 해.
논둑 틈이나 물풀 사이에 있다가
개구리를 보면 쏜살같이 달려들어.
위험을 느끼면 독이 있는 살모사 흉내를 내.
보통 뱀들은 알을 낳는데, 무자치는 새끼를 낳아.

🟢 **양서파충류**

사는 곳 강, 논, 늪
먹이 개구리, 작은 물고기, 우렁이, 물풀
특징 생명력이 강하다.

남생이

남생이는 강과 이어진 논이나 늪에서 살아.
죽은 물고기도 잘 먹어서 물속 청소부 노릇을 해.
남생이는 아무것도 안 먹고 여섯 달을 살 수
있을 만큼 생명력이 강해. 하지만 사람들이
강가 모래를 퍼 가는 바람에 알 낳을 곳을 잃어서
보기가 힘들어졌어. 멸종위기 야생생물 2급으로
정해서 보호하고 있어.

청개구리

🟢 **양서파충류**

사는 곳 산기슭, 밭
먹이 딱정벌레, 파리, 벌, 잠자리
특징 나무에 오를 수 있고 몸빛을 바꿀 수 있다.

청개구리는 나뭇가지나 풀포기에 잘 올라가 있어. 우리나라에 사는 개구리 가운데 나무에 오를 수 있는 유일한 개구리야. 둘레 색깔에 맞춰 몸빛을 바꾸기도 해. 이파리 사이에 가만히 숨어 있다가 벌레를 잡아먹어. 청개구리는 짝짓기 때가 되면 논으로 모여들어. 5월 중순쯤부터 7월까지 논에서 왁자하게 울지.

🟠 **곤충**

사는 곳 논, 연못, 웅덩이
먹이 물고기, 개구리
한살이 알 〉 애벌레 〉 어른벌레

물장군

물에 사는 곤충 가운데 가장 크고 힘이 세서 '물장군'이라는 이름이 붙었어. 물풀 줄기에 거꾸로 매달려서 가만히 있다가 물고기나 개구리가 다가오면 낫처럼 생긴 커다란 앞다리로 재빨리 낚아채. 논이나 연못, 물풀이 많은 웅덩이에서 흔히 볼 수 있었는데, 요즘엔 농약을 쳐서 보기가 어려워. 멸종위기 야생생물 2급이야.

개울이 도감 수첩

개구리밥

🙂 풀

사는 곳 논, 늪, 도랑, 연못
다른 이름 머구리밥, 부평초, 수평
특징 약으로도 쓰고 물고기 먹이로도 쓴다.

개구리가 사는 곳에 많다고 '개구리밥'이라는 이름이 붙었어. 논, 도랑, 연못, 늪처럼 고여 있는 물에 둥둥 떠서 살아. 잎은 동글납작하게 생겼는데 가느다란 뿌리가 5~11개 나 있어서, 뒤집히거나 쉽게 떠내려가는 걸 막아 줘. 줄기와 잎이 따로 나누어지지 않고 한 몸으로 되어 있어.

🙂 양서파충류

사는 곳 냇가, 저수지, 웅덩이, 논
먹이 벌레, 물고기, 작은 들쥐, 새끼 뱀
특징 울음소리가 황소 울음처럼 우렁차다.

황소개구리

황소개구리는 다른 나라에서 온 개구리야. 우리나라에 사는 개구리 가운데 가장 커. 울음소리가 황소 울음처럼 크고 우렁차서 '황소개구리'라고 해. 냇가나 저수지에서도 살고 논에서도 살아. 물고기나 들쥐, 작은 뱀까지 움직이는 것은 닥치는 대로 잡아먹어.

초가을 논에서 만난 자연 동무들

🙂 곤충

사는 곳 논, 들, 산
먹이 날벌레
한살이 알 〉 애벌레 〉 어른벌레

'고추잠자리'와 '두점박이좀잠자리'처럼 몸이 빨간 잠자리를 모두 고추잠자리라고 해. 5월~10월까지 우리나라 어디서든 볼 수 있어. 흔히 여러 마리가 함께 날아다녀. 그런데 날개 힘이 약해서 낮게 날아다니고 자주 내려앉아. 고추잠자리 애벌레는 골짜기나 웅덩이 속에서 살아.

🙂 절지동물

사는 곳 논, 들, 밭, 산, 물가
먹이 나비, 파리, 메뚜기
특징 해충을 잡아먹어 농사에 도움을 준다.

거미는 논밭에서 해충을 잡아먹어 농사에 도움을 주는 이로운 벌레야. 곤충과 달리 몸통이 머리가슴과 배 두 부분으로 나뉘어 있고 날개와 더듬이가 없어. 다리도 네 쌍이야. 배 꽁무니에서 뽑아내는 거미줄은 이동, 집짓기, 사냥에 두루 쓰여. 그물을 치지 않고 사는 거미 무리도 있어.

거미

호랑거미

개울이 도감 수첩

벼

곡식채소

기르는 곳 논, 밭
다른 이름 베, 나락
쓰임새 밥이나 떡, 다른 음식을 해 먹는다.

벼는 논이나 밭에 심어 기르는 한해살이 곡식이야. 주로 우리나라나 동남아시아 사람들이 먹는데 옥수수, 밀과 함께 세계에서 가장 많이 심는 곡식이지. 봄에 모내기를 하고 가을에 거둬. 낟알은 왕겨라고 부르는 겉껍질에 싸여 있어. 왕겨를 벗겨 내면 우리가 먹는 쌀이 나와.

콩

곡식채소

기르는 곳 논두렁, 밭
다른 이름 대두, 백태, 메주콩
쓰임새 메주를 쑤어서 된장, 간장을 담근다.

콩은 밭에 심어 기르는 한해살이 곡식이야. 우리나라에서 처음 콩으로 메주, 된장, 간장, 콩나물을 만들어 먹기 시작했어. 흔히 콩이라고 하면 메주콩을 말하지만, 색깔이나 무늬, 쓰임새에 따라 나눌 만큼 종류가 많아. 메주콩 말고는 밥에 두어 먹고 콩깍지와 콩대는 소가 좋아해. 콩을 심어 기르면 땅이 저절로 기름지기 때문에 거친 밭에서도 잘 자라.

참새

🧒 새

사는 곳 마을, 논, 밭, 언덕, 숲, 공원
먹이 벌레, 낟알, 나무 열매, 풀씨
구분 텃새

참새는 마을과 논밭, 숲, 공원 가릴 것 없이
우리 둘레에 많이 사는 텃새야. 몸길이는
14센티미터쯤 되고 암수 생김새가 거의 같아.
암수가 함께 새끼를 키우고,
7월~8월부터는 수십 마리씩 무리를 지어.
봄여름에는 주로 벌레를 잡아먹고,
가을부터는 낟알이나 나무 열매를 먹어.

돌피

🧒 풀

사는 곳 논, 밭둑, 도랑, 습지
다른 이름 없음.
특징 벼와 닮았다.

돌피는 밭둑이나 도랑, 습지에 흔히 자라고
논에도 많이 나는 한해살이풀이야. 줄기는
뭉쳐나는데 가늘고 매끈해. 땅속에 있는
마디에서 싹이 나와 포기를 늘리며 자라.
잎은 붉은빛이 돌고 털은 없지만 까칠까칠해.
7월~8월에 꽃이 피고 달걀처럼 생긴 이삭이
달려. 논에 나면 벼와 닮아 가려내기가
어려워서 농부들한텐 골칫거리야.

개울이 도감 수첩

벼메뚜기

 곤충

사는 곳 논, 풀밭
먹이 벼과 식물
한살이 알 〉 애벌레 〉 어른벌레

벼메뚜기는 농약을 뿌리지 않은 논이나 물기가 많은 풀밭에 살아. 몸길이는 4센티미터쯤 돼. 푸르던 벼가 누렇게 익으면 벼메뚜기도 몸빛을 풀색에서 누런색으로 바꿔. 날개가 미처 자라지 않은 애벌레도 벼 잎을 갉아 먹기 때문에 때로 늘어나면 농작물에 큰 해를 입힐 수도 있어.

참개구리

암컷

양서파충류

사는 곳 논, 강, 웅덩이
먹이 메뚜기, 잠자리, 나방, 거미, 벼멸구, 달팽이
특징 온몸에 검은 무늬가 어지럽게 있다.

참개구리는 논이나 연못, 강가, 저수지에 살아. 몸길이는 6~9센티미터야.
몸빛은 암컷은 밤색, 수컷은 풀색을 띠어. 풀숲에 숨어 있다가 사람이 다가가면 후다닥 물속으로 숨고, 먹이가 다가오면 재빨리 혀를 내밀어 잡아먹어. 날씨가 추워지면 밭둑이나 논둑을 파고 들어가 겨울잠을 자.

가을 텃밭에서 만난 자연 동무들

배추흰나비

곤충

사는 곳 논밭, 낮은 산, 숲 둘레
잘 모이는 꽃 서양민들레, 갓, 파, 개망초, 무
한살이 알 〉 애벌레 〉 번데기 〉 어른벌레

배추흰나비는 우리나라에서 가장 흔한 나비야. 특히 배추밭이나 무밭에 많아. 그곳에 알을 낳거든. 깨어난 애벌레는 배춧잎이나 무잎을 갉아 먹으며 자라. 나비마다 무늬가 다르고, 봄에 나온 나비와 여름에 나온 나비의 무늬도 달라.

연체동물

사는 곳 축축한 풀밭이나 숲속
먹이 풀잎, 나뭇잎
특징 배 힘살을 늘였다 줄였다 하면서 기어간다.

달팽이

달팽이는 물기가 많은 곳을 좋아해서 비 오는 날 자주 나와. 단단한 껍데기로 뼈가 없는 물렁물렁한 몸을 지켜. 알에서 날 때부터 껍데기가 있어. 머리에 더듬이가 두 쌍 있는데 짧은 앞더듬이로 냄새를 맡고 맛도 봐. 긴 뒷더듬이 끝에는 눈이 달려 있어. 달팽이 혀에는 이빨이 만 개도 넘게 있어서 나뭇잎을 잘 갉아 먹을 수 있어.

개울이 도감 수첩

배추

🟠 곡식채소

기르는 곳 밭
다른 이름 배차, 백채, 숭채
쓰임새 김치를 해 먹거나 나물로 먹는다.

배추는 밭에 심어 기르는 두해살이 잎줄기채소야.
우리나라 사람들이 가장 많이 먹는 채소지.
뿌리에서 곧장 넓은 뿌리 잎이 여러 장 나와.
봄에도 심어 먹고, 가을에도 심어 먹어.
배추에는 비타민시와 칼슘이 많이 있어.
또 소화가 잘되게 돕고, 변비에도 좋아.

코스모스

🟢 풀

사는 곳 들판, 길가
다른 이름 없음.
특징 꽃대에 따라서 꽃색이 다르다.

코스모스는 물기가 적은 들판이나 길가에서
자라는 한해살이풀이야. 키가 늘씬하고
가지를 많이 쳐. 잎은 마주나는데
깃꼴로 깊이 갈라져서 실처럼 가늘어.
꽃은 가지 끝에 한 송이씩 피어.
보통 가을에 피는데 여름에도 기온이
서늘해지면 피어나. 꽃 색깔이 여러 가지인데,
주로 분홍색이나 흰색이 많아.

백일홍

🧑 풀

사는 곳 꽃밭, 길가
다른 이름 없음.
특징 석 달 동안 꽃이 핀다.

백일홍은 심어 기르는 한해살이풀이야. 백 일 동안 꽃이 핀다고 '백일홍'이라는 이름이 붙었어. 줄기가 곧게 자라고 높이는 1미터쯤 자라. 꽃은 붉은색이 많고, 노란색이나 흰색 꽃도 있는데 향기는 없어. 햇빛만 잘 들면 쉽게 꽃을 피워서 기르기가 수월해. 웬만한 가뭄이나 더위에도 꽃을 피워.

무

🧑 곡식채소

기르는 곳 밭
다른 이름 무꾸, 무시, 남삐
쓰임새 뿌리와 잎을 모두 먹는다.

무는 뿌리나 잎을 먹으려고 심어 기르는 두해살이 채소야. 아주 오래전부터 길러 왔어. 서늘한 날씨를 좋아해서 늦여름이나 초가을에 씨앗을 뿌리고 김장할 때쯤 뽑아. 뿌리가 둥근 기둥처럼 생겼는데 살과 물이 많아. 김치를 담가 먹거나 무청으로 시래기를 만들어. 무를 먹으면 위와 장이 튼튼해져. 소화가 잘되게 하고 변비도 낫게 해.

개울이 도감 수첩

호박

곡식채소

기르는 곳 밭, 마당
다른 이름 남과, 고매기, 낭개.
쓰임새 반찬거리를 만들거나 전을 부쳐 먹는다.

호박은 밭두렁이나 울타리 옆, 산비탈에 심어 기르는 한해살이 열매채소야. 암꽃과 수꽃이 따로 피는데 암꽃에서 호박이 열려. 우리나라에서는 동양호박, 서양호박, 페포호박을 많이 심는데 저마다 생김새가 달라. 소화가 잘되어서 위가 약하거나 몸이 아픈 사람이 먹으면 좋아.

곡식채소

기르는 곳 밭
다른 이름 없음.
쓰임새 김치를 담그거나, 김치 양념으로 쓴다.

쪽파

쪽파는 밭에 심어 기르는 한두해살이 채소야. 파와 양파가 꽃가루받이를 해서 생겨났어. 잎은 파처럼 생겼는데 더 가늘고 작아. 뿌리 위쪽에는 양파처럼 동그란 비늘줄기가 있어. 쪽파는 여름에 잠을 자서, 초가을쯤에 비늘줄기를 심어서 길러. 초겨울쯤에 거둔 쪽파는 김장할 때 넣거나 파전을 부쳐 먹어.

새근새근 잠자는 겨울 들판

땅은 얼어붙고, 먹이를 찾기도 어려운 겨울은
동물이나 식물 모두에게 아주 힘든 계절이야.
저마다의 방식으로 겨울을 나는 동식물을 찾아봐.

겨울 들판에서 만난 자연 동무들

사마귀

왕사마귀

곤충

사는 곳 산길, 밭, 집 둘레 풀숲
먹이 벌레, 개구리
한살이 알 〉 애벌레 〉 어른벌레

사마귀는 낫처럼 구부러지고 톱니가 있는 앞다리로 다른 벌레를 잡아먹으며 살아. 작은 개구리까지도 잡아먹지.
가을에 짝짓기를 하고 나면 배 끝에서 흰 거품을 뿜어 알집을 만들고 그 속에 알을 낳아. 알집은 공기가 섞여 있어서 탄력이 있고 따뜻해.
이듬해 봄에 알집에서 애벌레가 깨어나.

곤충

사는 곳 산속, 산 둘레
먹이 꽃꿀, 열매즙, 나뭇진, 이슬
한살이 알 〉 애벌레 〉 번데기 〉 어른벌레

노랑쐐기나방

노랑쐐기나방은 날개가 고운 노란색이고 날개 끝자락은 연한 밤색이야. 밤에만 움직이고 불빛에 잘 모여들어.
노랑쐐기나방 애벌레를 '쐐기'라고 부르는데 쐐기 털에 찔리면 벌겋게 붓고 매우 아파.
다 자란 애벌레는 초가을부터 나뭇가지에 새알처럼 생긴 고치를 짓고 그 속에서 겨울잠을 자.

개울이 도감 수첩

유혈목이

양서파충류

사는 곳 산기슭, 강가, 논, 밭
먹이 개구리, 미꾸라지, 쥐
특징 몸빛이 알록달록 화려하다.

유혈목이는 검정과 빨강 무늬가 뚜렷해서 눈에 잘 띄어. 색깔이 화려해서 '꽃뱀'이라고도 불러. 개구리를 많이 잡아먹고 다른 뱀이 꺼리는 두꺼비도 먹어. 입 안쪽에 독니가 있어서 물리면 빨리 치료를 받아야 해. 다른 뱀들처럼 여러 마리가 한데 모여서 겨울을 나. 몸길이는 70~80센티미터쯤 돼.

양서파충류

사는 곳 산, 들
먹이 개미, 지렁이, 거미, 모기
특징 위험을 느끼면 몸을 부풀리고 피부에서 진물을 낸다.

맹꽁이

'맹꽁맹꽁' 운다고 '맹꽁이'야. 낮에는 뒷다리로 땅을 파고 들어가 있다가 밤에 나와. 엉금엉금 기어 다니면서 작은 벌레나 지렁이를 잡아먹어. 비가 오거나 비 온 다음 날 많이 울어. 맹꽁이는 일찌감치 땅속에 들어가 겨울잠을 자는데 봄에 깨어나면 다시 봄잠을 잔대.

달맞이꽃 어린잎

🌱 풀

사는 곳 산기슭, 냇가, 길가
다른 이름 월견초, 야래향, 월하향
특징 땅에 바짝 붙어 겨울을 난다.

어디서나 잘 자라고 금방 무리를 이뤄.
겨울을 나는 한해살이풀인데 여름이나
가을에 싹이 터서 땅에 바짝 붙어 겨울을 보내.
이듬해 봄에 줄기가 곧게 올라오고 잎이
어긋나게 달리지. 잎은 둥글고 길쭉하게 생겼어.
봄에 새순이 나올 때 나물로 먹으면 맛이 좋아.

고슴도치

🦔 포유류

사는 곳 낮은 산, 들
먹이 곤충, 쥐, 개구리, 새알, 산열매, 버섯
특징 온몸이 날카로운 가시로 덮여 있다.

고슴도치는 온몸에 날카로운 가시가
오천 개쯤 나 있어. 위험을 느끼면 몸을
동그랗게 말아서 가시를 세워. 낮은 산이나
들에 있는 버려진 굴에서 살거나 나뭇잎이나
풀로 둥지를 틀어. 열매나 벌레, 쥐까지
이것저것 다 잘 먹어. 11월쯤 가랑잎으로
집을 짓고 겨울잠을 자.
몸길이는 10~25센티미터쯤 돼.

개울이 도감 수첩

장수풍뎅이

🟠 **곤충**

사는 곳 산속, 산 둘레
먹이 나뭇진
한살이 알 〉 애벌레 〉 번데기 〉 어른벌레

우리나라 풍뎅이 가운데 가장 커. 큰 것은 몸길이가 5센티미터를 넘어. 수컷은 머리와 가슴등판에 뿔이 있어. 넓은잎나무가 많은 산에 사는데 낮에는 숨어 있다가 해가 지면 참나무에 모여들어 나뭇진을 먹거나 짝짓기를 해. 암컷은 한여름에 썩은 가랑잎이나 두엄을 파고 들어가 알을 낳아.

🟠 **포유류**

사는 곳 산, 논, 밭, 갈대밭, 도시
먹이 쥐, 벌레, 개구리, 물고기, 새, 산열매
특징 아무 데나 똥을 누지 않고 한곳에 눈다.

너구리

너구리는 눈언저리가 까맣고 몸이 통통해. 몸길이는 60센티미터쯤 돼. 산, 논밭, 갈대밭에 살고 마을에도 내려오는데 밤에 돌아다니고 잘 숨어서 실제로 보기는 어려워. 이것저것 다 잘 먹고, 개과 동물 가운데 유일하게 겨울잠을 자. 보금자리는 오소리 굴을 빼앗아 쓰거나 스스로 굴을 파서 만들어.

101

닮은 꼴 자연 동무를 찾아라!

칠성무당벌레와 닮았지만 전혀 달라

칠성무당벌레 71쪽

큰이십팔점박이무당벌레

칠성무당벌레와 큰이십팔점박이무당벌레는 서로 비슷하게 생겼는데 딱지날개에 있는 까만 점 개수가 달라. 또 칠성무당벌레는 진딧물을 잡아먹어서 농사에 도움을 주지만, 큰이십팔점박이무당벌레는 채소 잎을 갉아 먹는 해충이야.

미꾸라지와 이름도 생김새도 비슷해

미꾸라지 76쪽

미꾸리

미꾸리와 미꾸라지는 비슷한 이름처럼 생김새도 꼭 닮았어. 미꾸리가 미꾸라지보다 입수염이 짧고, 꼬리지느러미에 까만 점이 있어서 구별할 수 있지. 또 미꾸라지는 논에 많고, 미꾸리는 논보다 냇물에 더 흔해.

개울이의 신기한 도감 수첩

무자치처럼 알 대신 새끼를 낳아

무자치 81쪽

살모사

무자치와 살모사는 짝짓기를 하고, 다른 뱀들과 다르게 알 대신 새끼를 낳아. 우리나라에서 새끼를 낳는 뱀은 무자치와 살모사 무리뿐이야.

청개구리처럼 몸빛으로 스스로를 지켜

청개구리 82쪽

무당개구리

청개구리는 제 몸을 지키려고 둘레 색깔에 맞춰 몸빛을 잘 바꿔. 무당개구리는 천적과 마주치면 네 다리를 바짝 치켜 들며 빨간 배를 드러내. 피부에 독이 있으니까 잡아먹지 말라는 뜻이야.

103

물장군처럼 수컷이 알을 돌봐

물장군 82쪽

물자라

짝짓기를 마친 물자라 암컷은 수컷 등에 알을 하나씩 낳아. 물자라 수컷은 등에 알을 지고 다니면서 보살펴. 물고기들이 먹지 못하게 하고, 알이 깨는 데 알맞은 공기와 온도를 얻으려고 물낯 가까이에서 지내.

배추흰나비처럼 풀밭을 좋아해

배추흰나비 92쪽

노랑나비

나비는 사는 곳이 뚜렷이 정해져 있는 것이 많아. 참나무 숲에서만 사는 나비, 바위투성이인 곳에서만 사는 나비들이 있어. 배추흰나비와 노랑나비는 그늘 하나 없는 풀밭을 좋아해. 날개 색깔 덕분에 열을 반사할 수 있거든.

개울이의 신기한 도감 수첩

달팽이랑 사촌이야

달팽이 92쪽

갯고둥

고둥은 민물에 사는 다슬기나 갯가에 사는 갯고둥 무리를 두루 이르는 말이야. 달팽이와 고둥은 사는 곳은 다르지만 같은 무리야. 그래서 달팽이가 물기 많은 곳을 좋아하나 봐.

꽃을 오므리는 달맞이꽃처럼 잎을 오므려

달맞이꽃 33쪽, 100쪽

괭이밥

괭이밥은 밤에 잎을 오므려. 낮에는 광합성을 하다가 밤이 되거나, 날씨가 흐려서 햇빛이 사라지면 잎을 접지. 잎이 잠을 잔다고 '수면 운동'이라고 해. 낮에 꽃잎을 오므리고 있는 달맞이꽃이랑 서로 반대야.

개울이와 동무 찾기

논과 들에 누가 누가 있는지 찾아볼까?

코스모스, 남생이, 유혈목이, 벼메뚜기, 무자치, 장수풍뎅이 애벌레, 참새, 칠성무당벌레, 백일홍, 달맞이꽃 어린잎

돌피, 자운영, 미꾸라지, 거미, 개구리밥, 쪽파, 황로, 딱새, 달팽이, 생강나무

개울이와 함께
강으로 바다로

장마철 연못에서 만난 자연 동무들

버드나무

나무

사는 곳 물가, 강기슭, 냇가
다른 이름 버들, 버들나무, 버들강아지
특징 물가에서 잘 자란다.

버드나무는 암나무, 수나무가 따로 자라는 큰키나무야. 4월쯤에 꽃이 피어. 강기슭이나 냇가처럼 축축한 땅을 좋아해. 우리나라에는 서른 종 넘는 버드나무가 있어. 버드나무, 수양버들, 능수버들, 고리버들, 모두 다 버드나무 무리야. 가지가 아래로 축축 늘어진 나무는 보통 수양버들이나 능수버들이야.

풀

사는 곳 연못, 호수
다른 이름 자오연
특징 아침에 꽃이 피었다가 저녁에 오므린다.

수련

수련은 꽃을 보려고 연못이나 호수에 심어 기르는 여러해살이 물풀이야. 잎은 말발굽처럼 생겼고 물 위에 떠 있어. 잎 윗면은 매끄럽고 윤이 나. 6월~8월에 가늘고 긴 꽃대 끝에 한 송이씩 꽃이 피어. 꽃잎은 여러 장이고 희거나 연한 자주색이야. 사나흘 동안 피었다 지는데 해 뜬 동안만 활짝 피어.

개울이 도감 수첩

창포

 풀

사는 곳 늪, 개울가, 연못가
다른 이름 없음.
특징 뿌리, 줄기, 잎에서 향기가 난다.

창포는 늪이나 개울가, 연못가에서 드물게 자라는 여러해살이풀이야. 뿌리와 줄기와 잎에서 향기가 나. 잎은 길이가 70센티미터쯤 되고 뿌리줄기에서 모여나. 꽃은 6월~7월에 노르스름한 방망이 모양으로 피어. 단옷날에 뿌리줄기를 끓인 물로 머리를 감거나 목욕을 하는 풍습이 있어. 잎은 향료로 써.

금개구리

양서파충류

사는 곳 저수지, 늪, 웅덩이
먹이 잠자리, 거미, 피라미, 작은 물고기, 물벌레
특징 울음주머니가 없어서 목으로 소리를 낸다.

금개구리는 등 양쪽에 금색 줄이 불룩 솟아 있어. 참개구리와 크기도 생김새도 비슷하지만 등 가운데 줄이 없고 물속에서 주로 지내는 게 달라. 6월에 짝짓기를 많이 하는데 울음주머니가 없어서 '쯔 쯔 끼이익' 하고 조그맣게 목으로 소리를 내. 사는 곳이 몇 군데 안 되는 흔하지 않은 개구리야.

소금쟁이

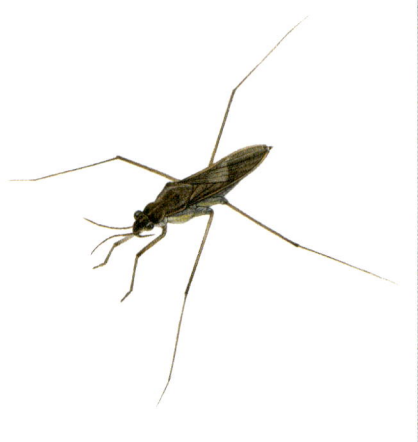

🟧 곤충

사는 곳 논, 연못, 개울
먹이 물에 떨어지는 작은 벌레
한살이 알 〉 애벌레 〉 어른벌레

소금쟁이는 논이나 연못, 개울에서 물 위를 미끄러지듯 걸어 다녀. 몸이 가볍고 다리에 잔털이 많아서 물 위에 잘 떠. 잔털에는 기름기가 있어서 물에 빠지지 않아.
몸길이는 11~16밀리미터인데 암컷이 수컷보다 조금 커. 손으로 만지면 노린내가 나. 밤에는 불빛 쪽으로 날아들기도 해.

🟩 풀

사는 곳 연못
다른 이름 없음.
특징 잎과 뿌리는 먹고 열매는 약으로 쓴다.

연꽃

연꽃은 연못에 심어 기르는 여러해살이 물풀이야. 뿌리줄기가 원통처럼 생겼고 속에 구멍이 숭숭 났는데 바로 우리가 먹는 연근이야.
둥그런 잎은 물 위로 솟아 올라와 있고 여름에 희거나 붉은 꽃이 피는데 낮에만 꽃잎이 벌어져. 물뿌리개 꼭지같이 생긴 열매는 연밥이라고 하는데, 먹거나 약으로 써.

개울이 도감 수첩

잉어

민물고기

사는 곳 저수지, 댐, 연못, 강, 냇물
먹이 물벌레, 물풀, 새우, 우렁이, 어린 물고기
특징 몸집이 큰 민물고기다.

잉어는 덩치가 커서 큰 것은 몸길이가 1미터도 넘어. 작은 것은 붕어와 닮았는데 잉어는 주둥이에 수염이 있어. 강보다는 저수지나 연못처럼 고인 물을 더 좋아하고 물풀, 작은 게, 어린 물고기, 벌레를 먹어. 겨울이 되면 깊은 곳에 모여 꼼짝 않고 지내. 잉어는 오래 살아서 30년을 넘게 살기도 해.

곤충

사는 곳 연못, 웅덩이, 논
먹이 물벌레, 물고기, 개구리
한살이 알 〉 애벌레 〉 번데기 〉 어른벌레

물방개는 연못이나 웅덩이, 논에 살아. 몸통은 둥글넓적하고, 배 젓는 노처럼 생긴 뒷다리에 가는 털이 나 있어서 헤엄을 잘 쳐. 죽은 물고기나 개구리를 먹어서 '물속 청소부'라고도 해. 예전엔 흔해서 밤에 불빛을 보고 날아오기도 했는데 물이 더러워지면서 귀해졌어. 몸길이는 35~40밀리미터쯤 돼.

물방개

한여름 동해 바다에서 만난 자연 동무들

해당화

나무

사는 곳 바닷가 모래땅, 산기슭
다른 이름 바다찔레, 붉은찔레, 큰찔레
특징 바닷바람과 소금기를 잘 견딘다.

바닷가 모래땅이나 산기슭에서 자라는
떨기나무야. 뿌리에서 줄기가 여러 개
나오고 가지를 많이 쳐서 덤불을 이뤄.
여름이면 자줏빛 꽃이 피는데
향기가 진하고 예뻐.
열매와 꽃을 약으로 쓰고 뿌리는 염료로 써.
바닷가 마을 집 둘레에 울타리 삼아 심기도 해.

절지동물

사는 곳 갯바위
먹이 죽은 동물, 음식물 찌꺼기, 바닷말
특징 바퀴벌레와 비슷하게 생겼다.

갯강구

갯바위에서 무리 지어 살고 바퀴벌레와
비슷하게 생겼어. 몸길이는 4센티미터쯤이야.
'바위살렝이', '밥줄이'라고도 해.
죽은 동물이나 음식 찌꺼기,
바닷가로 밀려온 바닷말 따위를
먹어 치워서 바닷가 청소부 구실을 해.
헤엄을 곧잘 치지만 물 밖에서
보내는 시간이 훨씬 많아.

개울이 도감 수첩

따개비

🟠 **절지동물**

사는 곳 갯바위, 말뚝, 배 밑창
먹이 바닷물 속 영양분, 플랑크톤
특징 딱딱한 것에 잘 붙어 산다.

어릴 때는 물에 떠다니며 살다가 바닷가 갯바위나 배 밑창처럼 딱딱한 곳에 붙어서 단단한 껍데기를 만들고 평생 붙박여 살아. 바닷물이 빠졌을 때는 뚜껑을 꼭 닫고 있다가 물이 들어오면 뚜껑을 열고 갈퀴 같은 발을 내밀어서 물속 플랑크톤을 걸러 먹어. '꾸적', '쩍'이라고도 해.

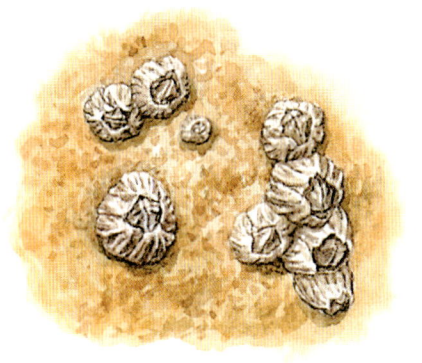
고랑따개비

바다직박구리

🔴 **새**

사는 곳 바닷가, 벼랑, 마을, 산
먹이 지네, 벌레, 도마뱀, 새우, 나무 열매
구분 텃새

주로 바닷가 벼랑에서 살고 뭍으로는 잘 가지 않는 텃새야. 바닷가 바위를 돌아다니면서 지네, 게, 새우, 곤충, 도마뱀을 잡아먹어. 겨울엔 나무 열매를 먹어. 수컷은 적갈색인 배와 아래꼬리덮깃 빼고는 온몸이 파랗고, 암컷은 온몸이 암갈색과 연한 갈색빛이고 비늘무늬가 있어. 몸길이는 25센티미터쯤이야.

수컷

날치

🧑 **바닷물고기**

사는 곳 동해, 남해
먹이 플랑크톤, 새우
특징 물 위를 난다.

따뜻한 물을 좋아하는 물고기야. 몸길이는 35센티미터쯤 돼. 물낯 가까이에서 떼로 헤엄쳐 다니고 물속 깊게는 안 들어가. 가슴지느러미가 새 날개처럼 길어서 날 수 있어. 큰 물고기한테서 도망가려고 물 위로 펄쩍 뛰어올라 수십 미터를 날아가지. 10미터 높이까지 뛰어오르기도 해.

🧑 **바닷물고기**

사는 곳 동해, 서해, 남해
먹이 젓새우, 플랑크톤, 물고기, 갯지렁이
특징 앞에서 보면 눈이 오른쪽으로 쏠렸다.

참가자미

참가자미는 눈이 한쪽으로 쏠려 있어. 앞에서 봤을 때 오른쪽으로 쏠리면 참가자미고, 왼쪽으로 쏠리면 넙치야. 어릴 때는 눈이 몸 양쪽에 붙어 있다가 크면서 한쪽으로 쏠려. 모랫바닥에서 사는데 바닥 모래 색깔에 따라 몸빛을 바꿔. 몸길이는 50센티미터쯤 돼. 사람들이 삭혀서 먹기도 해.

개울이 도감 수첩

파래

바닷말

사는 곳 갯바위
다른 이름 포래, 물포래, 청태
특징 흔하고, 많이 먹는 바닷말이다.

바닷가 바위나 돌에 붙어서 자라는 흔한 바닷말이야.
민물이 흘러드는 곳에서 잘 자라고,
김이 나는 곳에 섞여서 나기도 해.
많이 먹는 바다나물이고 종류도 여러 가지야.
채 썬 무와 함께 무쳐 먹거나 국이나 부침개로도
먹어. 말렸다가 밑반찬을 만들거나
김과 섞어서 파래김을 만들어.

문어

연체동물

사는 곳 동해, 남해, 제주 바다
먹이 새우, 게, 조개, 고둥
특징 바위틈이나 구멍에 잘 들어간다.

문어는 바닷속 바위틈이나 구멍에 들어가는 걸
좋아해. 머리라고 여기기 쉬운 둥근 부분은
몸통이고, 몸통과 다리가 이어진 곳에 눈과
머리가 있어. 낮에는 숨어 있다가 밤에 고둥,
조개, 새우 따위를 잡아먹는데 소라 껍데기를
부술 만큼 이빨이 강해.
위험을 느끼면 몸빛을 바꾸거나 먹물을 뿜어.

한여름 제주 바다에서 만난 자연 동무들

거북복

🙂 **바닷물고기**

사는 곳 남해, 제주 바다
먹이 작은 새우, 조개, 곤쟁이
특징 몸이 딱딱한 비늘로 덮여 있다.

거북복 몸통은 상자처럼 네모나. 거북 등딱지처럼 딱딱한 육각형 비늘이 온몸을 덮고 있어서 꼬리자루만 움직이며 헤엄쳐. 다른 복어와 달리 독이 없어서 딱딱한 비늘로 스스로를 지키려는 거야. 거북복은 따뜻한 물을 좋아하고 작은 새우나 곤쟁이 따위를 먹고 살아. 몸길이는 30센티미터 안팎이야.

🙂 **바닷물고기**

사는 곳 남해, 제주 바다
먹이 작은 물고기
특징 독이 있는 지느러미를 활짝 편다.

쏠배감펭

쏠배감펭은 지느러미에 아주 센 독이 있어서 사람이 찔리면 정신을 잃을 정도야. 덩치 큰 물고기가 잡아먹으려 하면 뾰족한 지느러미를 사자 갈기처럼 활짝 펴서 다가오지 못하게 해. 따뜻한 물을 좋아하고, 낮에는 바위틈에 숨어 있다가 밤이 되면 돌아다녀. 몸길이는 30센티미터까지 자라.

개울이 도감 수첩

보라성게

🙂 극피동물

사는 곳 우리나라 온 바다
먹이 바닷말, 죽은 물고기
특징 가장 흔한 성게로 가시가 길다.

보라성게는 바닷속 바위 밑에서 촘촘하게 무리 지어 살아. 우리나라에서 가장 흔한 성게로 몸통이 단단하고 이름처럼 짙은 보랏빛을 띠어. 날카로운 가시는 크고 단단한데 끝에 독이 있어서 찔리면 오랫동안 아파. 아래쪽 가운데에 있는 입으로 미역이나 다시마를 먹어. 제주에서는 성게알로 미역국을 끓여 먹어.

🙂 연체동물

사는 곳 우리나라 온 바다
먹이 바닷말
특징 제주도에서 많이 난다.

전복

전복은 물이 맑은 바닷속 바위에 붙어 사는데 크고 넓적한 발로 기어 다녀. 큰 것은 20센티미터까지 자라. 껍데기가 한쪽만 있고 물이 드나드는 숨구멍이 열 개쯤 한 줄로 나 있어. 맛이 좋고 영양가가 높아서 양식도 많이 해. 껍데기 안쪽은 무척 매끄럽고 고와서 자개 공예품을 만들기도 해.

자리돔

🔵 **바닷물고기**

사는 곳 남해, 제주 바다, 울릉도, 독도
먹이 플랑크톤
특징 수컷이 알에서 새끼가 나올 때까지 곁을 지킨다.

자리돔은 제주 바다에 사는 물고기야. 물이 따뜻하고 바위가 많은 바닷가나 산호밭에서 살아. 플랑크톤을 잡아먹고 낮에는 떼 지어 다니다가 밤에는 돌 틈이나 산호 속에서 자. 몸길이는 15센티미터 안팎이고, 등지느러미가 끝나는 등 부분에 하얀 점이 있어. 이 점은 물 밖으로 나오면 감쪽같이 사라져.

흰동가리

🔵 **바닷물고기**

사는 곳 제주 바다
먹이 작은 새우, 바닷말
특징 말미잘과 서로 도우며 함께 산다.

흰동가리는 말미잘과 함께 살아. 말미잘 속에 숨으면 큰 물고기들이 말미잘 독 때문에 흰동가리를 어쩌지 못해. 대신 흰동가리는 말미잘을 깨끗하게 청소해 주고 먹잇감을 유인해 줘. 몸길이는 5~7센티미터쯤 되고 몸통에 하얀 띠가 세로로 세 줄 나 있어. 사는 곳에 따라 몸빛이 여러 가지야.

개울이 도감 수첩

파랑돔

 바닷물고기

사는 곳 남해, 제주 바다
먹이 작은 동물, 새우
특징 온몸이 파랗다.

파랑돔은 크기가 어른 손가락만 해.
몸집이 작지만 온몸이 파랗고 지느러미들이
노란빛이라서 눈에 확 띄지.
바위밭이나 산호밭에서 살고
그 사이사이에 쏙쏙 잘 들어가 숨어.
암컷이 알을 낳으면 수컷이 곁을 지켜.

 바닷말

사는 곳 동해, 남해, 제주 바다
다른 이름 몰, 말, 모재기
특징 바닷속에서 우거져 숲을 이룬다.

모자반

모자반은 햇빛이 잘 드는 맑은 바닷속 바위에
붙어 자라. 줄기에 구슬 같은 공기주머니가
붙어 있어서 바위에 붙어 자라다가 떨어지면
물에 떠. 키가 10미터까지도 자라서 모자반이
무리 지어 자란 바닷속은 마치 숲속 같아.
다른 바다 생물이 살기에도 좋아.
어린 줄기는 반찬으로 먹어.

127

수많은 생명이 가득한 가을 갯벌

서해와 남해는 바닷물이 빠지면 넓은 땅이 드러나.
수많은 생명이 깃들어 사는 갯벌이야. 특히 서해 갯벌은
세계에서 다섯 손가락에 꼽을 만큼 여러 생물이 살아.

갯벌 속에 누가 숨어 있나 찾아볼까?

맛조개 구멍에 소금을 넣으면 맛조개가 몸을 쑥 내밀어.

바지락

맛조개

칠게

가을 갯벌에서 만난 자연 동무들

큰구슬우렁이

연체동물

사는 곳 갯벌, 얕은 바닷속
먹이 조개, 고둥
특징 생김새가 둥글고 매끄럽다.

큰구슬우렁이는 진흙과 모래가 섞인 갯바닥에서 살아. 껍데기는 밤색으로 윤이 나고, 아래쪽은 흰색이야. 갯벌 속에 얕게 몸을 묻고 옮겨 다녀. 조개나 다른 고둥을 잡아먹는데 먹이를 만나면 물을 빨아들여서 제 살을 한껏 부풀린 다음 그 살로 먹잇감을 덮쳐.

연체동물

사는 곳 서해·남해 갯벌, 자갈밭
다른 이름 반지락, 소합, 배도라지
특징 아주 흔하고 많이 먹는 조개다.

바지락

바지락은 서해 갯벌에서 나는데
민물이 흘러들고 자갈 섞인 곳에 많아.
껍데기는 거칠고, 빛깔과 무늬는 저마다 달라.
맛이 좋고 기르기가 쉬워 양식도 많이 해.
갯벌에 얕게 묻혀 있어서 캐기도 쉬워.
일 년 내내 캘 수 있지만
알을 까는 여름 바지락은 살이 없고 맛이 써.

개울이 도감 수첩

맛조개

연체동물

사는 곳 서해·남해 모래갯벌
다른 이름 맛, 참맛, 죽합
특징 맛 종류 가운데 가장 흔하다.

맛조개는 서해와 남해 모래갯벌에서 흔하게 나.
가늘고 긴 대나무 마디처럼 생겼어.
갯바닥 속으로 30센티미터쯤 곧게 파고
들어가 살아. 맛조개가 많이 날 때
갯벌 모래를 5센티미터쯤 걷어 내면
맛조개 구멍이 수두룩해. 이 구멍에 소금을
넣으면 맛조개가 구멍 밖으로 몸을 쑥 내밀어.

칠게

절지동물

사는 곳 서해·남해 뻘갯벌
먹이 뻘 속 영양분
특징 갯벌에 아주 많다.

칠게는 물기가 촉촉한 뻘갯벌에
구멍을 파고 살아. 갯벌에서 가장 흔하게
볼 수 있는 게로, 크게 무리를 지어 살아.
몸통은 네모꼴이고 납작한데 털이 있어.
수컷 집게발이 암컷 집게발보다 훨씬 커.
물이 빠지면 구멍 밖으로 나와
집게발을 올렸다 내렸다 하면서
뻘을 먹는데 눈치가 빨라서 금방 숨어.

암컷

수컷

괭이갈매기

🙂 **새**

사는 곳 바닷가, 무인도, 항구, 강어귀
먹이 물고기, 게, 쥐, 음식물 찌꺼기
구분 텃새

괭이갈매기는 바닷가에서 흔히 볼 수 있는 텃새야.
울음소리가 고양이 같아서 괭이갈매기야.
부리는 노란데 끝에 붉은색과 검은색이
띠처럼 있어. 이것저것 가리지 않고 잘 먹어.
고기잡이배에서 물고기를 얻어먹거나
물고기 찌꺼기를 먹으려고 포구로 몰려들기도 해.
봄에 바위섬에 둥지를 틀고 알을 낳아.

알락꼬리마도요

🙂 **새**

사는 곳 갯벌, 강어귀, 염전
먹이 게, 조개, 갯지렁이, 작은 물고기
구분 나그네새

알락꼬리마도요는 봄과 가을에 우리나라에
잠깐 들르는 나그네새야. 서해 갯벌이나
강어귀에서 볼 수 있고, 색깔은 잿빛이야.
몸길이가 63센티미터쯤으로 도요새 가운데
큰 편이지. 부리가 무척 길고 아래로 휘었는데
뻘 속에 찔러 넣어 먹이를 잡아.
수가 많지 않아서 보호종으로 지정했어.

개울이 도감 수첩

짱뚱어

🟣 **바닷물고기**

사는 곳 서해·남해 뻘갯벌
먹이 뻘 속 영양분, 미생물
특징 물 밖에 나와 돌아다닌다.

짱뚱어는 뻘갯벌에 구멍을 파고 살아.
짙은 잿빛 몸통에 파란 점이 많이 나 있어.
가슴지느러미를 다리처럼 써서
뻘밭을 기어 다니고 펄쩍펄쩍 뛰어올라.
낮에 구멍을 들락거리면서 먹이를 잡다가
해 지기 한두 시간 전부터 구멍을 덮고 숨어.
11월부터 이듬해 4월까지 뻘 속에서 겨울잠을 자.

🟠 **절지동물**

사는 곳 서해·남해 갯벌
먹이 바닷물 속 영양분, 플랑크톤
특징 갯벌에 구멍을 깊이 파고 산다.

쏙

쏙은 모래가 섞인 진흙 바닥에
구멍을 파고 살아. 30~100센티미터 깊이로
구멍을 두 개 뚫어 놓지.
물이 빠지면 구멍 속에 들어가 있다가
물이 들어오면 나와서 먹이를 찾아다녀.
몸길이는 7센티미터쯤 되는데 얼핏 보면
갯가재와 닮았어.

갈대가 일렁이는 늦가을 강가

물가에 잔뜩 자라난 갈대가 가을이면 누렇게 바뀌어.
어느새 겨울 철새들이 찾아왔네.
끼룩끼룩 울음소리가 늦가을 강가랑 잘 어울려.

늦가을 강가에서 만난 자연 동무들

갈대

🟢 **풀**

사는 곳 늪, 개울가, 강가, 바닷가
다른 이름 갈풀, 갈삐럭이, 노초
특징 줄기 속이 비어 있다.

늪이나 강가, 갯벌이나 개울가처럼
축축한 땅에서 무리 지어 자라는
여러해살이풀이야. 줄기가 곧게 뻗고
키는 2~3미터까지 자라. 이삭은 퍼져 있고
밤색이야. 어린 싹은 반찬으로 먹고,
줄기는 발을 엮거나 옛날 집 지붕을 이는 데 썼어.
뿌리와 꽃은 허파를 튼튼하게 하는 약으로 써.

🟢 **민물고기**

사는 곳 저수지, 연못, 늪, 냇물, 강, 논도랑
먹이 물벼룩, 거머리, 실지렁이, 물풀
특징 고여 있거나 느릿느릿 흐르는 물을 좋아한다.

아주 흔한 물고기야. 저수지나 논도랑, 연못에서
많이 사는데 냇물이나 강에서도 살아. 아무거나
잘 먹고 10년쯤 살면 30센티미터까지 자라.
흐르는 물에 살면 은빛이 돌고,
고인 물에 살면 누런빛을 띠어.
물풀이 많은 데서 여럿이 헤엄쳐 다녀.
맛도 좋아서 예전부터 사람들이 많이 잡았어.

붕어

136

개울이 도감 수첩

달뿌리풀

🟢 **풀**

사는 곳 강가, 개울가, 모래땅
다른 이름 달뿌리갈
특징 이삭이 보랏빛을 띠다가 차츰 밤색이 된다.

강가나 모래땅 또는 개울가에서 무리 지어 자라는 여러해살이풀이야. 키는 1.5~2미터로 갈대보다 조금 작아. 줄기는 반반하고 마디에 짧고 보드라운 털이 있어. 잎은 끝이 뾰족하고 가장자리가 깔깔해. 이삭은 줄기 끝에 큰 고깔 모양으로 생기고 보랏빛을 띠어. 포기째 약으로도 써.

큰기러기

🔴 **새**

사는 곳 논, 강, 연못, 저수지, 호수
먹이 벼, 보리, 밀, 물풀, 감자, 고구마, 풀씨
구분 겨울 철새

멸종위기 야생생물 2급인 겨울 철새야. 몸길이는 90센티미터쯤 돼. 논이나 민물에서 여럿이 무리 지어 사는데 아침저녁으로 논에서 낟알 같은 먹이를 먹고, 밤에 물가로 돌아와서 자. 이동할 때는 흔히 수십에서 수백 마리씩 모여 브이(V) 자 꼴을 이루며 날아. 배에 굵고 검은 줄무늬가 있는 쇠기러기와 달리 줄무늬가 없어.

흰죽지

수컷

🧒 **새**

사는 곳 호수, 저수지, 강, 바다
먹이 물풀, 곤충, 물고기, 조개, 달팽이
구분 겨울 철새

날개와 몸이 이어진 '죽지' 부분이 희게 보여서 '흰죽지'야. 주로 호수나 저수지 위에 떠서 지내고 가끔 땅 위로 올라와. 헤엄을 잘 치고 잠수도 깊게 해. 수컷은 머리부터 목까지만 적갈색인데 암컷은 온몸이 갈색을 띠어. 수컷 눈은 붉은색이고 암컷 눈은 갈색이야. 몸길이는 46센티미터쯤 돼.

🧒 **새**

사는 곳 강, 호수, 저수지, 연못, 냇가
먹이 곡식, 나무 열매, 달팽이, 물고기, 곤충
구분 겨울 철새

청둥오리

겨울에 민물가에서 흔히 볼 수 있는 겨울 철새야. 낮에는 물에서 쉬고, 해 질 무렵 논에서 낟알이나 풀씨를 주워 먹어. 얕은 물에서 풀포기를 헤집거나 물속으로 물구나무서서 물고기를 잡아먹기도 해. 수컷은 머리가 윤기 있는 초록색인데 암컷은 몸 전체가 갈색을 띠어. 몸길이는 58센티미터쯤이야.

수컷

개울이 도감 수첩

강아지풀

🟢 풀

사는 곳 들판, 길가, 풀밭
다른 이름 개꼬리풀, 구미초, 가라지
특징 이삭이 강아지 꼬리처럼 생겼다.

털이 많이 달린 이삭이 강아지 꼬리와 닮았다고 해서 '강아지풀'이야. 서양이나 중국에서는 '여우꼬리'라는 이름으로 불러. 길가에 흔히 자라는 한해살이풀이야. 무더운 여름철 가뭄으로 땅이 말라도 잘 견뎌. 옛날에는 흉년이 들었을 때 강아지풀을 먹기도 했고 뿌리는 기생충 약으로 썼어.

도깨비바늘

🟢 풀

사는 곳 물가, 산기슭, 풀밭, 길가
다른 이름 도깨비바눌, 좀도깨비바늘, 귀침초
특징 씨앗이 옷이나 털에 잘 붙는다.

물가에서 자라는 한해살이풀이야. 축축한 모래땅을 좋아해. 줄기는 곧게 자라다가 가지를 치고, 잎은 마주나고 깃꼴로 갈라져. 꽃은 아주 노래. 씨앗에는 가시가 있어. 다 익은 뒤에도 줄기에서 떨어지지 않고 있다가 사람이나 짐승이 지나갈 때 달라붙어. 어린순은 나물로 먹어.

겨울 강가에서 만난 자연 동무들

솔개

🧑 **새**

사는 곳 산, 강, 냇가, 바닷가
먹이 쥐, 새, 새알, 물고기, 개구리, 뱀
구분 텃새

솔개는 '소리개'라고도 해. 산이나 강, 바닷가에서 혼자 살고 하늘 높이 빙빙 돌다가 먹이가 보이면 재빨리 내려와 먹이를 낚아채. 수컷 몸길이는 약 58센티미터, 암컷은 68센티미터쯤으로 암컷 몸집이 더 커. 날 때는 길고 각진 날개가 눈에 띄어. 멸종위기 야생생물 2급인 텃새야.

자라

🧑 **양서파충류**

사는 곳 강, 저수지
먹이 물고기, 새우, 게, 가재, 우렁이
특징 등딱지가 살가죽으로 덮여 있어 보들보들하다.

자라는 목을 자기 몸길이만큼 길게 뺄 수도 있고, 등딱지 속에 쏙 집어넣을 수도 있어. 다리와 꼬리는 감추지 못해. 강이나 저수지에 사는데 물속에서 주로 지내. 날씨가 추워지면 강물 아래 모래나 진흙 속에서 뾰족한 코만 내놓고 겨울잠을 자. 다 자라면 등딱지 길이가 30센티미터쯤 돼.

가물치

🟢 **민물고기**

사는 곳 늪, 저수지, 연못, 냇물, 강, 논도랑
먹이 미꾸라지, 개구리, 지렁이, 물고기, 물벌레
특징 몸집과 입이 크고, 뾰족한 이빨이 있다.

가물치는 몸집이 아주 커서 큰 것은 1미터가 넘기도 해. 온몸이 풀색인데 크고 검은 점이 얼룩덜룩 있어. 저수지나 늪에 흔하지만 냇물이나 강에도 살아. 물풀이 우거지고 진흙이 깔린 곳을 좋아해. 먹성이 좋아서 물벌레부터 개구리까지 다 먹어. 먹이가 없을 땐 큰 가물치가 작은 가물치를 먹기도 해.

🔴 **새**

사는 곳 논, 호수, 강, 바닷가, 갯벌
먹이 풀, 씨앗, 풀뿌리, 벌레
구분 겨울 철새

쇠기러기

쇠기러기는 우리나라에서 가장 흔한 기러기야. 큰기러기보다 작아서 작다는 뜻인 '쇠'가 이름에 붙었어. 몸길이는 75센티미터쯤 되고 배에 가로 줄무늬, 분홍색 부리 위에 흰 띠가 있어서 큰기러기와 구별할 수 있어. 우리나라에서 겨울을 나고 시베리아에서 짝짓기를 하는 겨울 철새야.

큰고니

🧒 새

사는 곳 호수, 강, 논, 연못, 바닷가, 저수지
먹이 우렁이, 조개, 물고기, 물풀, 물벌레
구분 겨울 철새

큰고니는 호수나 강에 살아. 긴 목을 물속에 넣어 우렁이나 물고기를 잡아먹어. 쉬거나 잠을 잘 때는 한쪽 다리로 서서 머리를 뒤로 돌려 깃에 파묻어. 물 위를 달음질쳐서 날아오르고 물갈퀴 달린 발을 물 위에 대며 내려앉아. 천연기념물이자 멸종위기 야생생물 2급인 겨울 철새야.

흰뺨오리

🧒 새

사는 곳 바다, 강, 호수
먹이 조개, 달팽이, 벌레, 물고기, 물풀, 씨앗
구분 겨울 철새

암컷

수컷

흰뺨오리는 수컷 뺨에 희고 둥근 무늬가 있어서 붙은 이름이야. 바다나 강에서 무리를 이루고 살아. 물속에서 벌레, 물풀, 물고기를 먹어. 몸길이는 46센티미터쯤이고 수컷은 청록색 머리, 암컷은 갈색 머리야. 러시아에서 짝짓기를 하고 우리나라에서 겨울을 나는 겨울 철새야.

개울이 도감 수첩

빙어

🙂 민물고기

사는 곳 저수지, 댐, 강
먹이 물벼룩, 깔따구 애벌레, 작은 새우, 물벌레
특징 온몸에 은빛이 돌고 몸속이 훤히 비친다.

본디 바다와 강을 오가는 물고기인데 사람들이 저수지와 댐에 풀어놓았어. 여름엔 물속 깊은 데 살아서 겨울이 되어야 볼 수 있어. 찬물을 좋아하기 때문이야. 한겨울에 얼음장 밑에서 수십 마리가 떼를 지어 다니기도 해. 몸길이는 10~14센티미터쯤 돼.

🙂 민물고기

사는 곳 냇물, 강, 저수지
먹이 작은 물고기, 새우, 물벌레, 물고기 알
특징 지느러미 끝에 억세고 뾰족한 가시가 있다.

동자개

동자개는 가슴지느러미를 몸통에 비벼 '빠가빠가' 하는 소리를 내서 '빠가사리'라고도 불러. 온몸이 풀색인데 얼룩덜룩하고 비늘이 없어서 매끄러워. 겨울엔 큰 바위 밑에 수십 마리가 모여 겨울을 나곤 해. 몸길이는 10~20센티미터쯤이고 긴 수염이 네 쌍 나 있어.

닮은 꼴 자연 동무를 찾아라!

물방개처럼 물속 청소부야

물방개 115쪽

물땡땡이

물땡땡이는 돌말 같은 물풀이나
물에 떨어진 가랑잎, 썩은 풀을 먹어.
또 똥을 먹기도 해.
그래서 '청소 곤충'이라는
별명이 붙었어.

파래처럼 사람들이 즐겨 먹는 바다나물이야

파래 121쪽

김

김은 향긋하고 고소한 바다나물이야.
파래처럼 바위나 돌에 붙어서 자라.
영양도 높아서 양식을 많이 해. 말려서
굽거나 무쳐 먹고, 국을 끓여 먹기도 해.

개울이의 신기한 도감 수첩

거북복처럼 딱딱한 비늘로 몸을 지켜

거북복 124쪽

뿔복

뿔복은 거북복처럼 몸이 딱딱한 육각형 비늘로 덮여 있어.
독이 없는 거북복과 다르게 피부에 독이 있어.

쏠배감펭처럼 뾰족뾰족 독가시가 있어

쏠배감펭 124쪽

쏨뱅이

쏠배감펭 지느러미 가시에는 독이 있어서 덩치 큰 물고기도 어쩌지 못해. 쏨뱅이도 쏠배감펭처럼 독가시가 있어. 뾰족뾰족한 등지느러미 가시에 독이 있지.

흰동가리처럼 촉수에 있는 독을 무서워하지 않아

흰동가리 126쪽

말쥐치

다른 물고기는 촉수에 독이 있는 해파리를 피하는데, 말쥐치는 오히려 쫓아다니며 톡톡 쪼아 먹어.

도깨비바늘 씨앗처럼 잘 달라붙어

도깨비바늘 139쪽

도꼬마리

도꼬마리 열매에는 갈고리 같은 가시가 많아서 옷에 붙으면 잘 안 떨어져. 사람 옷이나 짐승 털에 달라붙어서 멀리까지 퍼져 나가.

자라처럼 뒤집혀도 혼자서 일어날 수 있어

자라 142쪽

붉은귀거북

거북 무리는 몸이 뒤집히면 못 일어난다고 알고 있지만 그렇지 않아. 붉은귀거북은 몸이 뒤집혀도 혼자 힘으로 일어날 수 있어. 자라도 긴 목으로 다시 일어나지.

동자개처럼 재미난 소리를 내

동자개 145쪽

대농갱이

대농갱이는 큰 강에 사는 민물고기인데 동자개처럼 소리를 낼 수 있어. 가슴지느러미에 있는 가시를 세우고 비벼서 '꾸꾸' 하는 소리를 내지.

개울이와 동무 찾기

강과 바다에 누가 누가 있는지 찾아볼까?

흰죽지, 해당화, 도깨비바늘, 큰구슬우렁이, 빙어, 자라, 큰기러기, 동자개, 버드나무, 맛조개

모자반, 참가자미, 문어, 물방개, 바지락, 붕어, 보라성게, 파랑돔, 짱뚱어, 소금쟁이

 개울이 정보 수첩

우리 산 들 바다, 자연 동무들이 살아가는 소중한 삶터!

한반도에 있는 숲

우리나라는 땅이 남북으로 길게 놓여 있어. 그래서 북쪽 지방은 아한대,
중부 지방은 온대, 남쪽 지방은 난대 기후로 나뉘어.
기후에 따라 숲도 북쪽부터 아한대림, 온대림, 난대림으로 고루 발달했지.
아한대림에는 가문비나무나 전나무 같은 바늘잎나무가, 난대림에는 동백나무,
유자나무, 차나무 같은 늘푸른나무가 자라. 온대림에는 겨울에 잎이 지는
상수리나무, 굴참나무, 떡갈나무 같은 참나무들이 많이 있어.

숲과 날씨

지구 모든 나라에 숲이 있지는 않아. 숲이 생기려면 날씨가 알맞아야 하거든.
한 해에 비가 적어도 750밀리미터 넘게 내려야 해. 우리나라는 한 해 평균 기온이
11도시인 온대 기후이고, 1,100밀리미터가 넘는 비가 충분히 내려.
그래서 숲이 생기기에 알맞아.

사람과 자연이 조화로운 논과 들

논과 들은 사람이 농사짓는 곳이지만 여러 생명체들이 함께 살아가는
곳이기도 해. 푸른 보리밭에는 새끼를 기르는 새들이 찾아오고,
논에는 작은 동물이나 벌레들이 우거진 벼 사이로 몸을 숨기거나 먹이를 찾으려고 와.
이렇게 갖가지 생명들이 어우러져서 작은 생태계를 이루고 있어.

우리나라 강은 어디로 흐를까?

우리나라는 동쪽으로 높은 산맥이 솟아 있고 서쪽으로 너른 들판이 펼쳐져서,
강은 거의 동쪽에서 서쪽으로 흘러. 그래서 큰 강은 주로 서해나 남해로
흘러들지. 동쪽에 있는 강은 높은 골짜기에서 곧장 동해로 흐르기 때문에
강폭이 좁고 물줄기가 짧아.

우리나라와 바다

우리나라는 동해, 서해, 남해 이렇게 세 바다로 둘러싸여 있어. 세 바다는
바닷속 환경이 저마다 달라. 물이 차고 깊은 동해는 밀물과 썰물의 차이가 적고,
찬물을 좋아하는 물고기들이 많이 살아. 누른빛을 띠는 서해는 물이 얕고 따뜻해.
밀물과 썰물의 차이가 커서 갯벌이 발달했어.
남해는 해안선이 꼬불꼬불하고 크고 작은 섬이 많이 있는데,
겨울에도 날씨가 따뜻해서 물고기들이 알을 낳기 좋아.
또 김이나 굴 양식처럼 바다 농사를 짓기에도 알맞지.

특별한 생태계, 갯벌

갯벌은 강에서 흘러 내려온 흙과 모래가 오랫동안 쌓이고 쌓여서 생겨났어.
뭍에서 내려온 온갖 찌꺼기를 걸러 주고, 수많은 생명들이 살아가는 보금자리
구실을 해. 우리나라 갯벌은 생긴 지 8천 년이나 되었어.
'유네스코 세계자연유산'으로 지정되었을 만큼 가치가 높은 곳이야.

'가나다'로 찾아보기

가

가물치 140, 143
가새쑥부쟁이 35, 39
갈겨니 61
갈대 134, 136
갈참나무 40, 42
강아지풀 135, 139
개구리밥 79, 83
개나리 10, 12
갯강구 116, 118
갯고둥 105
거미 84, 86
거북복 122, 124
고라니 53, 57
고로쇠나무 35, 37
고사리 16, 19
고슴도치 97, 100
고추잠자리 84, 86
곤줄박이 10, 12
괭이갈매기 129, 132
괭이밥 105
국화 58
금강모치 41, 45
금개구리 110, 113
긴꼬리제비나비 23, 26
김 146
꺽지 22, 26
꼬리치레도롱뇽 23, 27
꽃등에 58
꿀벌 17, 18
꿩 53, 56

나

날치 117, 120
남생이 79, 81
냉이 66, 69

너구리 97, 101
노랑나비 104
노랑망태버섯 61
노랑쐐기나방 96, 98
노루 40, 43

다

다람쥐 22, 25
단풍나무 40, 43
달맞이꽃 29, 33
달맞이꽃 어린잎 97, 100
달뿌리풀 134, 137
달팽이 90, 92
당단풍나무 34, 36
대농갱이 149
도깨비바늘 135, 139
도꼬마리 148
돌피 85, 88
동자개 141, 145
두더지 47, 51
따개비 116, 119
딱새 67, 69
땃쥐 11, 15
땅강아지 72, 74
뚝새풀 73, 77

라

리기다소나무 47, 50

마

말쥐치 148
맛조개 128, 131
매실나무 66, 68
맹꽁이 96, 99
멋쟁이 52, 55

멧돼지 47, 51
멧토끼 46, 48
모시나비 17, 21
모자반 123, 127
무 91, 94
무당개구리 103
무자치 78, 81
문어 117, 121
물땡땡이 146
물방개 111, 115
물자라 104
물장군 79, 82
물푸레나무 22, 24
물피 78, 80
미꾸라지 73, 76
미꾸리 102

바

바다직박구리 117, 119
바지락 128, 130
박새 52, 54
박쥐 29, 31
반달가슴곰 41, 44
반딧불이 29, 33
방동사니 78, 80
배추 90, 93
배추흰나비 90, 92
백일홍 91, 94
버드나무 110, 112
버들치 22, 25
벼 84, 87
벼메뚜기 85, 89
보라성게 122, 125
붉나무 41, 44
붉은귀거북 149
붕어 134, 136

빙어 141, 145
뿔복 147

사

사마귀 96, 98
산개구리 17, 20
산수유 67, 70
살모사 103
삵 28, 31
생강나무 66, 68
소금쟁이 110, 114
소나무 52, 54
소쩍새 28, 30
솔개 140, 142
쇠기러기 141, 143
쇠백로 72, 75
수달 41, 45
수련 110, 112
수리부엉이 29, 32
쏙 129, 133
쏠배감펭 122, 124
쑤기미 147
쑥 67, 70

아

아까시나무 17, 18
알락꼬리마도요 129, 132
알락수염노린재 46, 48
양진이 47, 49
억새 53, 57
엉겅퀴 17, 21
연꽃 111, 114
오소리 47, 50
올빼미 60
왕귀뚜라미 34, 37
왜가리 73, 77

유리딱새 11, 15
유혈목이 96, 99
은행나무 34, 36
이끼도롱뇽 59
이스라지 11, 14
잉어 111, 115

자

자귀나무 28, 30
자귀풀 60
자라 140, 142
자리돔 123, 126
자운영 72, 75
자주졸각버섯 16, 19
장수풍뎅이 97, 101
전복 122, 125
점갈고리박각시 29, 32
조릿대 52, 55
조팝나무 10, 13
중대백로 73, 76
진달래 11, 13
질경이 67, 71
짱뚱어 129, 133
쪽파 91, 95
찔레나무 17, 20

차

참가자미 117, 120
참개구리 85, 89
참나리 23, 27
참새 85, 88
창포 110, 113
청개구리 79, 82
청동오리 135, 138
청설모 53, 56
청호반새 22, 24

치자나무 59
칠게 128, 131
칠성무당벌레 67, 71

카

코스모스 90, 93
콩 84, 87
큰고니 141, 144
큰구슬우렁이 129, 130
큰기러기 135, 137
큰이십팔점박이무당벌레 102
큰허리노린재 35, 38

타

테두리방귀버섯 35, 39

파

파랑돔 123, 127
파래 117, 121

하

하늘다람쥐 40, 42
해당화 116, 118
호랑나비 11, 14
호랑지빠귀 46, 49
호박 91, 95
화살나무 35, 38
황로 72, 74
황소개구리 79, 83
흰동가리 123, 126
흰뺨오리 141, 144
흰죽지 135, 138

개울이와 동무 찾기 정답

산과 숲에
누가 누가 있는지
찾아볼까?
62쪽

논과 들에
누가 누가 있는지
찾아볼까?
106쪽

강과 바다에
누가 누가 있는지
찾아볼까?
150쪽

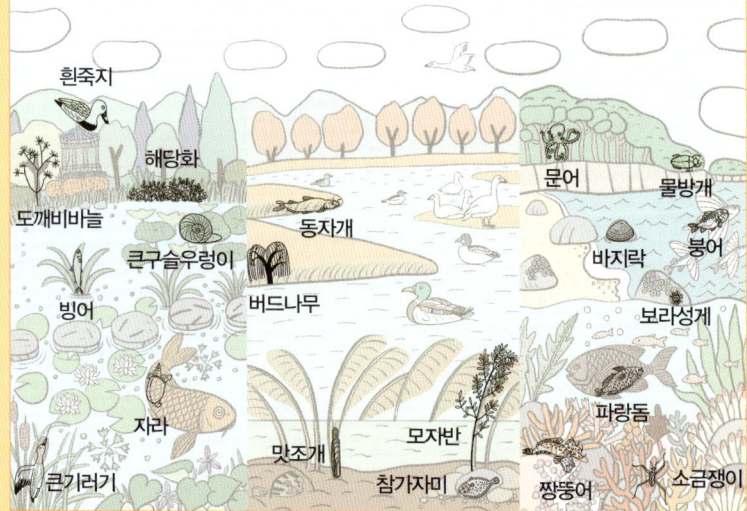